AF397008

MUSÉE ROYAL.

NOTICE

DES TABLEAUX

EXPOSÉS

DANS LE MUSÉE ROYAL.

PRIX : 2 FR.

PARIS.

VINCHON, FILS ET SUCCESSEUR DE Mme Ve BALLARD,
Imprimeur des Musées Royaux,
RUE J.-J, ROUSSEAU, N° 8.

1838.

AVERTISSEMENT.

La galerie est divisée en neuf parties : les trois premières, dont l'entrée touche au grand salon, contiennent les tableaux de l'École française ; les trois suivantes ont été destinées aux Écoles allemande, flamande et hollandaise ; les trois dernières aux Écoles italienne et espagnole.

Plusieurs tableaux des diverses Écoles, compris dans la notice, ont été placés dans les deux salles qui précèdent la galerie.

Les lettres *M. R.*, mises à la fin de plusieurs articles, indiquent les tableaux gravés dont le public peut se procurer les estampes à la Calcographie du Musée Royal.

MUSÉE ROYAL.

GRAND ESCALIER.

Première Partie.

M. ABEL DE PUJOL.

Plafond. — La renaissance des arts.

Deuxième Partie.

M. MEYNIER.

Plafond. — La France, sous les traits de Minerve, reçoit l'hommage des beaux-arts.

Le flambeau du génie les éclaire; une jeune divinité leur présente les emblêmes de l'abondance et de la paix.

Les voussures en bas-reliefs imitant le bronze représentent :

L'Europe civilisée par les sciences, les arts et les lettres.

Les beaux-arts rendent hommage à la concorde.

Les portraits en médaillon de Jean Goujon,

sculpteur, et de Pierre Lescot, architecte sous
le règne de Henri II;

Et ceux de Pierre Puget, sculpteur, et
d'Hardouin Mansard, architecte sous le règne
de Louis XIV.

Les peintures de ces voussures ont été exécutées par M. Gosse sur les
dessins de M. Meynier.

SALLE D'ENTRÉE.

M. MEYNIER.

Plafond. — Apothéose du Poussin, de Lesueur
et de Lebrun.

Clio inscrit leurs noms dans les fastes du siècle de
Louis XIV.

Le génie repousse la faux meurtrière du temps.

ÉCOLE FRANÇAISE.

BENOIST (Marie-Guillelmine), *née* Le Roulx de la Ville, *à Paris en* 1768, *morte dans la même ville le 7 octobre* 1826; *élève de madame Le Brun et de David.*

1. Portrait d'une négresse.

Haut. 0 m. 81 c. — *Larg.* 0 m. 65 c.

BLANCHARD (Jacques), *né à Paris en* 1600, *mort dans la même ville en* 1638; *neveu et élève de Nicolas Bolleri.*

2. La Charité.

Elle allaite un enfant; un second est sur ses genoux; trois autres jouent à ses côtés.

Haut. 1 m. 19 c. — *Larg.* 1 m. 36 c.

3. La Sainte-Famille.

Composition de cinq figures.

Haut. 0 m. 76 c. — *Larg.* 1 m. 09 c.

4. La Vierge, l'Enfant-Jésus et sainte Anne.

Haut. 0 m. 82 c. — *Larg.* 1 m. 15 c.

Pendant du tableau précédent.

BOURDON (Sébastien), *né à Montpellier en* 1616, *mort à Paris en* 1671; *élève d'un peintre dont on n'a pas conservé le nom.*

5. Noé offre un sacrifice à Dieu à la sortie de l'arche.

Haut. 1 m. 61 c. — *Larg.* 2 m. 27 c.

1*

6. Le repos de la Sainte-Famille.

Le fond représente un paysage orné d'édifices et arrosé par un fleuve.

Haut. 1 m. 10 c. — Larg. 1 m. 45 c.

7. La Sainte-Famille.

Haut. 0 m. 33 c. — Larg. 0 m. 25 c.

8. Le Christ et les enfans.

Jésus dit à ses disciples : « Laissez venir à moi les en- » fans, car le royaume du ciel est pour ceux qui leur » ressemblent; » et, les ayant embrassés, il les bénit en leur imposant les mains.

Haut. 0 m. 50 c. — Larg. 0 m. 61 c.

9. Descente de croix.

Le Christ est soutenu par Joseph d'Arimathie, accompagné de la Vierge, de saint Jean et de la Madeleine. Deux anges éplorés sont aux pieds du Sauveur.

Haut. 3 m. 3 c. — Larg. 1 m. 57 c.

10. Le crucifiement de saint Pierre, prince des apôtres.

Deux anges lui apportent la couronne et la palme destinées aux martyrs.

Haut. 3 m. 60 c. — Larg. 2 m. 60 c.

11. Jules-César devant le tombeau d'Alexandre.

Il descend de son char, pose une couronne et répand des pleurs sur le tombeau du héros macédonien.

Haut. 1 m. 12 c. — Larg. 1 m. 39 c.

12. Une halte de Bohémiens.

L'un d'eux tire les cartes à quelques voyageurs qui l'entourent.

Haut. 0 m. 43 c. — Larg. 0 m. 58 c.

13. Portrait de Bourdon.

Il est assis et tient sur ses genoux la tête de Caracalla, moulée sur l'antique.

Haut. 1 m. 30 c. — Larg. 0 m. 97 c.

BOURGUIGNON (Jacques-Courtois *dit* le), *né à Saint-Hippolyte, en Franche-Comté, en 1621, mort à Rome en 1676; élève de Jérôme, peintre lorrain.*

14. Choc de cavalerie au passage d'un pont.

Haut. 0 m. 34 c. — Larg. 0 m. 97 c.

15. Tableau de bataille.

Sur le premier plan un général donne ses ordres.

Haut. 0 m. 34 c. — Larg. 0 m. 97 c.

16. Tableau de bataille.

Haut. 0 m. 56 c. — Larg. 0 m. 80 c.

CLOUET (François, *dit* Janet), *vivait en 1547; son maître n'est pas connu.*

17. Un bal de cour.

On y remarque Henri III, Catherine de Médicis Henri IV et plusieurs autres personnages du temps.

Haut. 1 m. 20 c. — Larg. 1 m. 83 c.

18. Cérémonie du mariage du duc Anne de Joyeuse avec Marguerite de Lorraine.

Haut. 0 m. 41 c. — Larg. 0 m. 65 c.

19. Portrait en pied de Henri II, roi de France.

Il tient un gant de la main droite, sa main gauche est appuyée sur le côté.

Haut. 0 m. 20 c. — Larg. 0 m. 35 c.

20. Portrait en pied de Charles IX, roi de France, peint à l'âge de vingt ans.

Il est debout, tient ses gants d'une main, qu'il appuie sur le dossier d'un fauteuil de velours cramoisi, et porte l'autre sur la garde de son épée.

Haut. o m. 32 c. — Larg. o m.

21. Portrait d'Élisabeth d'Autriche, femme de Charles IX, en habit de cour.

Haut. o m. 36 c. — Larg. o m. 27 c.

22. Portrait en pied de Henri IV enfant.

Haut. 1 m. o5 c. — Larg. o m. 64 c.

23. Portrait en pied de François, duc de Guise.

Haut. o m. 23 c. — Larg. 16 c.

24. Portrait de Michel de l'Hôpital, chancelier de France, en 1560.

Haut. o m. 32 c. — Larg. o m. 23 c.

CLOUET (*attribué à*).

25. Portrait de François Ier dans sa jeunesse.

Haut. o m. 15 c. — Larg. o m. 13 c.

26. Portrait du duc de Cossé-Brissac, qui fut maréchal de France sous les règnes de François II et de Charles IX.

Haut. o m. 17 c. — Larg. o m. 13 c.

COCHEREAU (Mathieu), *né à Montigny, près Châteaudun, en 1793, mort à la hauteur de Bizerte, sur la côte d'Afrique, le 10 août 1817 ; élève de David.*

27. Intérieur de l'atelier d'un peintre.

On y voit plusieurs élèves occupés à l'étude du modèle.

COLOMBEL (NICOLAS), *né à Sotteville, près de Rouen, en 1646, mort à Paris, en 1717 ; élève de Lesueur.*

28. Saint Hyacinthe sauvant la statue de la Sainte-Vierge des ennemis du nom chrétien.

Ce religieux, de l'ordre des frères prêcheurs, fuyait en habits pontificaux les Tartares qui faisaient le siége de Kiovie, et emportait avec lui, selon les légendaires, le Saint-Sacrement et une statue de la Sainte-Vierge, devenue par un effet miraculeux, fort légère entre ses mains. Ne trouvant ni pont ni bateau pour passer le Borysthène, il étendit sa chappe sur les eaux ; et, ayant exhorté ses frères à s'y placer sans crainte, ils traversèrent le fleuve, lui à pied sur les eaux, les religieux sur sa chappe.

Haut. 2 m. 39 c. — Larg. 1 m. 74 c.

29. Mars et Rhéa Sylvia.

Haut. 1 m. 46 c. — Larg. 1 m. 76 c.

COURTOIS, *voir* BOURGUIGNON.

COUSIN (JEAN), *né à Soucy, près de Sens, vivait en 1642 ; mort fort âgé.*

30. Le jugement dernier.

Haut. 1 m. 46 c. — Larg. 1 m. 42 c.

Cet ouvrage du premier peintre français qui se soit distingué dans le genre historique, ornait autrefois la sacristie des Minimes de Vincennes.

COYPEL (NOEL), *né à Paris en 1628, mort en 1697 ; élève de Poncet et d'Errard.*

31. Solon se séparant des Athéniens.

Solon s'éloigne d'Athènes, pour ne rien changer aux lois qu'il venait de donner à ses habitans. M. R.

Haut. o m. 49 c. — Larg. o m. 88 c.

52. Ptolémée Philadelphe donne la liberté aux Juifs.

Ce roi d'Égypte paie leur rançon et envoie des présens magnifiques au temple de Jérusalem. M. R.

Haut. o m. 49 c. — Larg. o m. 88 c.

53. Trajan donnant des audiences publiques.

L'Empereur rend lui-même la justice aux Romains et aux étrangers qui se présentent devant son tribunal. M. R.

Haut. o m. 49 c. — Larg. o m. 88 c.

54. Prévoyance d'Alexandre Sévère.

Il fait distribuer du blé au peuple romain pendant la disette qui affligeait son empire. M. R.

Haut. o m. 49 c. — Larg. o m. 88 c.

COYPEL (Antoine), *fils et élève de Noël Coypel, né à Paris en 1661, mort en 1722.*

55. Athalie chassée du temple.

Joas vient d'être placé sur le trône de Juda et reconnu pour roi par l'armée et par le peuple ; Athalie, qui était accourue au bruit du couronnement, est entraînée par les soldats et chassée du temple.

Haut. 1 m. 57 c. — Larg. 2 m. 13 c.

DAVID (Jacques-Louis), *né à Paris en 1750, mort en 1825.*

56. Le serment des Horaces.

Haut. 3 m. 30 c. — Larg. 4 m. 27 c.

57. Léonidas aux Thermopyles.

Haut. 3 m. 92 c. — *Larg.* 5 m. 33 c.

38. Les Sabines.

Haut. 3 m. 86 c. — *Larg.* 5 m. 17 c.

39. Les licteurs rapportent à Brutus les corps de ses fils qu'il a condamnés à mort.

Haut. 3 m. 25 c. — *Larg.* 4 m. 23 c.

40. Bélisaire demandant l'aumône.

Haut. 1 m. 01 c. — *Larg.* 1 m. 11 c.

41. Les amours de Pâris et d'Hélène.

Haut. 1 m. 47 c. — *Larg.* 1 m. 80 c.

42. Portrait du pape Pie VII, peint à Paris en 1805.

Haut. 0 m. 86 c. — *Larg.* 0 m. 72 c.

DEMARNE (Jean-Louis), *né à Bruxelles en 1752, mort à Paris en 1829; élève de Nicasius, peintre flamand.*

43. Une route sur laquelle on voit une diligence.

Sur le devant est une ferme d'où sortent des animaux.

Haut. 0 m. 50 c. — *Larg.* 0 m. 61 c.

44. Une foire à la porte d'une auberge.

Haut. 0 m. 50 c. — *Larg.* 0 m. 61 c.

45. Le départ pour une noce de village.

Haut. 0 m. 76 c. — *Larg.* 0 m. 93 c.

DESPORTES (FRANÇOIS), *né au village de Cham-pigneulle, en Champagne, en 1661, mort à Paris en 1743.*

46. Un cerf poursuivi par des chiens.

Haut. 2 m. 30 c. — Larg. 2 m. 93 c.

47. Volaille, gibier et légumes, serrés dans une office.

Haut. 0 m. 98 c. — Larg. 1 m. 31 c.

48. Quelques pièces de gibier et diverses sortes de fruits posés sur une table de pierre.

Fond de paysage.

Haut. 0 m. 98 c. — Larg. 1 m. 31 c.

49. Deux chiens dans un paysage.

Haut. 1 m. 63 c. — Larg. 2 m. 60 c.

50. Portrait en pied de François Desportes.

Il s'est représenté en chasseur, se reposant au pied d'un arbre.

Haut. 1 m. 97 c. — Larg. 1 m. 63 c.

DE TROY (FRANÇOIS), le père, *né à Toulouse en 1645, mort à Paris en 1730 ; élève de Nicolas Loir.*

51. Portrait du sculpteur Bogaert, dit Des-jardins.

Il est vêtu d'un manteau bleu ; sa main gauche est posée sur la tête d'une des figures qu'il a exécutées au bas de la statue de Louis XIV, sur la place des Victoires, qu'on aperçoit dans le fond.

Haut. 1 m. 41 c. — Larg. 1 m. 05 c.

DROLLING (MARTIN), *né à Oberbergheim, près Colmar, en 1752, mort à Paris en 1817; n'a pas eu de maître.*

32. Intérieur d'une cuisine.

Haut. 0 m. 66 c. — *Larg.* 0 m. 81 c.

DROUAIS (JEAN-GERMAIN), *né à Paris en 1763, mort à Rome en 1788; élève de Brenet et de David.*

33. Le Christ et la Cananéenne.

Une femme cananéenne se jeta aux pieds de Jésus, et s'écria : « Seigneur, ayez pitié de moi, ma fille est horri-» blement tourmentée par le démon. »

Haut. 1 m. 14 c. — *Larg.* 1 m. 46 c.

34. Marius à Minturnes.

·Contraint de céder le pouvoir à Sylla, Marius se cacha dans les marais de Minturnes, en Campanie. Découvert dans sa retraite et jeté dans une prison, il imposa tellement par son regard et sa contenance à un soldat cimbre envoyé pour le faire périr, que celui-ci s'enfuit en s'écriant : « Je ne pourrai jamais tuer Marius ! »

Haut. 2 m. 72 c. — *Larg.* 3 m. 65 c.

DUFRESNOY (CHARLES-ALPHONSE), *ne à Paris en 1611, mort à Villiers-le-Bel, près Paris, en 1665; élève de Simon Voüet.*

35. Sainte Marguerite, vierge et martyre, sous le règne de l'empereur Aurélien.

Elle foule aux pieds le dragon qui, au rapport des légendaires, l'avait engloutie vivante, et dont elle sortit sans blessure en faisant le signe de la croix.

Haut. 2 m. 30 c. — *Larg.* 1 m. 70 c.

56. Groupes de Naïades appuyées sur leurs urnes, et Nymphes jouant avec des guirlandes de fleurs.

Haut. 2 m. 36 c. — Larg. 1 m. 45 c.

GELÉE, *voir* LORRAIN.

GÉRICAULT (THÉODORE), *né le 21 septembre 1791, mort à Paris en 1823.*

57. Le naufrage de la Méduse.

Haut 4 m. 91 c. — Larg. 7 m. 16 c.

GIRODET-TRIOSON (ANNE-LOUIS), *né à Montargis le 5 janvier 1767, mort à Paris le 9 décembre 1824; élève de David.*

58. Scène du déluge.

Haut. 4 m. 31 c. — Larg. 3 m. 41 c.

59. La révolte du Caire.

Haut. 3 m. 32 c. — Larg. 5 m. 14 c.

60. Le sommeil d'Endymion.

Haut. 1 m. 99 c. — Larg. 2 m. 61 c.

61. Atala au tombeau.

Haut. 2 m. 10 c. — Larg. 2 m. 67 c.

GREUZE (JEAN-BAPTISTE), *né à Tournus, en Bourgogne, en 1734, mort à Paris en 1807.*

62. L'accordée de village.

Haut. 0 m. 88 c. — Larg. 1 m. 81 c.

63. Le départ.

Haut. 1 m. 30 c. — Larg. 1 m. 62 c.

64. Le retour.
Haut. 1 m. 30 c. — Larg. 1 m. 62 c.

65. Portrait de Greuze.
Haut. 0 m. 74 c. — Larg. 0 m. 60 c.

66. Portrait de Jeaurat.
Haut. 0 m. 81 c. — Larg. 0 m. 65 c.

JANET, *voir* CLOUET.

JOUVENET (JEAN), *né à Rouen en 1644, mort à Paris en 1717; élève de Jean Jouvenet son père.*

67. Un prêtre administre l'extrême-onction à un vieillard.

La Vierge et l'Enfant-Jésus président à ses derniers momens.
Haut. 2 m. 33 c. — Larg. 1 m. 72 c.

68. Jésus chez Marthe et Marie.
Haut. 1 m. 48 c. — Larg. 1 m. 10 c.

69. Jésus guérissant les malades.

La scène se passe sur le bord de la mer; on y voit voguer un vaisseau.
Haut. 4 m. 17 c. — Larg. 7 m. 75 c.

70. La pêche miraculeuse.   M. R.
Haut. 3 m. 92 c. — Larg. 6 m. 64 c.

71. La résurrection de Lazare.   M. R.
Haut. 3 m. 88 c. — Larg. 6 m. 64 c.

72. Les vendeurs chassés du temple.
Haut. 3 m. 88 c. — Larg. 6 m. 82 c.

73. Le repas chez Simon le Pharisien.

Haut. 3 m. 88 c. — *Larg.* 6 m. 8? c.

74. La descente de croix, et les apprêts de la sépulture. M. R.

Haut. 4 m. 23 c. — *Larg.* 3 m. 02 c.

75. L'ascension de Jésus-Christ.

Haut. 1 m. 90 c. — *Larg.* 1 m. 04 c.

76. Vue du maître-autel de Notre-Dame de Paris.

L'abbé Delaporte, chanoine jubilé, quitte le maître-autel de Notre-Dame de Páris après avoir dit la messe.

Haut. 1 m. 62 c. — *Larg.* 1 m. 41 c.

LAFOSSE (CHARLES DE), *né à Paris en 1640, y mourut en 1716; élève de Lebrun.*

77. Le mariage de la Vierge.

Haut. 1 m. 1? c. — *Larg.* 0 m. 83 c.

78. L'enlèvement de Proserpine. M. R.

Haut. 1 m. 46 c. — *Larg.* 1 m. 81 c.

LAHYRE (LAURENT DE), *né en 1606, mort en 1656; élève de son père, Étienne de Lahyre.*

79. Laban cherchant ses idoles.

Laban atteint Jacob dans sa fuite et fait la recherche de ses idoles. Rachel, qui les avait dérobées, se tient constamment assise sur la litière d'un chameau, sous laquelle elle avait eu l'adresse de les cacher.

Haut. 0 m. 95 c. — *Larg.* 1 m. 33 c.

80. La Vierge et l'Enfant-Jésus.

Haut. 1 m. 14 c. — *Larg.* 8 m. 92 c.

81. L'apparition de Jésus aux trois Maries.

Haut. 3 m. 95 c. — *Larg.* 2 m. 49 c.

82. Saint Pierre guérissant les malades.

Haut. 3 m. 19 c. — *Larg.* 2 m. 31 c.

83. Nicolas V visite à Assise le corps de saint François.

Les légendaires rapportent qu'en 1449 le pape Nicolas V, assisté de trois prélats et de quatre religieux, fit ouvrir le caveau qui contenait le corps de saint François d'Assise ; qu'il le trouva debout, entièrement conservé, les yeux ouverts et élevés vers le ciel, les mains couvertes par les manches de son habit, avec les stigmates aux pieds, aux mains et au côté, qui semblaient encore fraîchement imprimés.

Haut. 2 m. 21 c. — *Larg.* 1 m. 64 c.

On croit trouver dans la figure de l'officiant, placé au-dessus du pape Nicolas, le portrait de Lahyre.

84. Paysage arrosé par une rivière où des femmes se baignent.

Haut. 0 m. 66 c. — *Larg.* 0 m. 87 c.

85. Paysage orné de quelques figures.

Sur le premier plan on voit une femme qui allaite un enfant.

Haut. 0 m. 62 c. — *Larg.* 0 m. 72 c.

LARGILLIÈRE (NICOLAS), *né à Paris en 1656, reçu à l'Académie de Peinture en 1685, mort en 1746; élève d'Antoine Goubeau, peintre flamand.*

86. Portrait de l'auteur.

Haut. 0 m. 80 c. — *Larg.* 0 m. 63 c.

LEBRUN (CHARLES), *né à Paris en 1619, mort dans la même ville en 1690; élève de Simon Voüet.*

87. La Nativité.

L'Enfant-Jésus reçoit l'hommage des anges et des bergers.

Haut. 0 m. 91 c. — Larg. 1 m. 18 c.

88. La Nativité.

Même composition, mais beaucoup plus étendue que celle du tableau précédent, qui ne rappelle que les principaux groupes de celui-ci.

Haut. 1 m. 51 c. — Larg. 2 m. 13 c.

89. La Sainte-Famille.

La Vierge fait signe au petit saint Jean de ne pas troubler le sommeil de l'Enfant-Jésus.

Haut. 0 m. 87 c. — Larg. 1 m. 18 c.

90. Le Christ servi dans le désert par les anges. M. R.

Haut. 3 m. 90 c. — Larg. 2 m. 51 c.

91. Entrée de Jésus-Christ dans Jérusalem.

Notre-Seigneur, monté sur une ânesse, est entouré d'un peuple nombreux. Les uns étendent leurs manteaux sur son passage; d'autres y répandent des branches de palmier et des fleurs.

Haut. 1 m. 52 c. — Larg. 2 m. 14 c.

92. Jésus-Christ allant au supplice et succombant sous le poids de sa croix.

Il est rencontré par sa mère et par saint Jean. Le fond représente une des portes de Jérusalem. On aperçoit dans le lointain la montagne du Calvaire.

Haut. 1 m. 53 c. — Larg. 2 m. 14 c.

93. Jésus élevé en croix.

La Vierge, saint Jean et la Madeleine contemplent dans le plus profond abattement cette scène de douleur.

Haut. 1 m. 51 c. — Larg. 2 m. 01 c.

94. Le Crucifix aux Anges.

Haut. 1 m. 74 c. — Larg. 1 m. 28 c.

La composition de ce tableau offre la réminiscence d'un songe qu'avait eu la reine Anne d'Autriche.

95. Le Christ mort sur les genoux de la Vierge, qui soulève un coin du linceul.

Haut. 1 m. 46 c. — Larg. 2 m. 22 c.

96. La Pentecôte.

La Vierge et les Apôtres étant assemblés, le Saint-Esprit descend au milieu d'eux. M. R.

Haut. 3 m. 17 c. — Larg. 2 m. 65 c.

Le Brun s'est peint lui-même dans ce tableau sous la figure de l'un des disciples. C'est celui qui est vu debout, dans le coin à gauche du spectateur.

97. Lapidation de saint Etienne.

Le saint, renversé, près de rendre le dernier soupir, lève les bras vers le ciel, et prie pour ses bourreaux. M. R.

Haut. 4 m. 0 c. — Larg. 3 m. 12 c.

98. Sainte Madeleine renonce, avec un repentir vif et touchant, à toutes les vanités de la vie.

Haut. 2 m. 52 c. — Larg. 1 m. 71 c.

Ce tableau, qui jouit d'une célébrité en quelque sorte historique, se trouvait au couvent des Carmélites de Paris. On voulait y reconnaître les traits de madame de la Vallière.

99. Le passage du Granique.

Alexandre passe le fleuve à la vue des Perses, et tue, au fort de la mêlée, Spithrobate, satrape de l'Ionie et gendre de Darius. Rosaces, frère du satrape, pour le venger, décharge sur la tête d'Alexandre un coup de hache et veut redoubler; mais Clitus lui abat la main d'un coup d'épée. Bientôt, malgré la supériorité du nombre, les Perses cèdent à la valeur des Macédoniens, et leur abandonnent le champ de bataille jonché de morts. M. R.

Haut. 4 m. 67 c. — *Larg.* 10 m. 29 c.

100. La bataille d'Arbelles.

Le succès était balancé de part et d'autre, lorsque le devin Aristandre s'écrie, en agitant une branche de laurier, qu'il aperçoit un aigle au-dessus de la tête d'Alexandre. Cet heureux présage redouble l'ardeur des Macédoniens. Alexandre est à cheval et perce de son javelot l'écuyer de Darius. Les Perses et les Macédoniens croient que le coup a frappé le monarque lui-même, assis sur un char élevé. Bientôt son armée est taillée en pièces, et Darius obligé de prendre la fuite. M. R.

Haut. 4 m. 70 c. — *Larg.* 12 m. 65 c.

101. La tente de Darius.

Alexandre, vainqueur et maître du camp des Perses après la bataille d'Issus, visite, accompagné seulement d'Ephestion, les princesses demeurées prisonnières. La reine, épouse de Darius, lui présente son fils. Statira et sa jeune sœur se jettent à ses pieds. Sysigambis, mère du monarque vaincu, confuse d'avoir pris Ephestion pour Alexandre, reçoit du héros cette réponse: *Non, ma mère, vous ne vous êtes pas trompée, celui-ci est un autre Alexandre.*

Haut. 2 m. 98 c. — *Larg.* 4 m. 53 c.

102. La défaite de Porus.

Ce roi indien, vaincu par Alexandre et couvert de blessures honorables, est amené devant lui. Le vainqueur lui demande comment il veut être traité : *En roi*, répond-il. *Mais*, reprend Alexandre, *ne demandez-vous rien de plus ? Non*, réplique Porus, *tout est compris dans ce seul mot.* Touché de cette grandeur d'âme, Alexandre lui rend ses états, et y ajoute plusieurs provinces. M. R.

Haut. 4 m. 66 c. — Larg. 12 m. 64 c.

103. Entrée d'Alexandre dans Babylone.

Il est monté sur un char enrichi d'or et d'ivoire, et attelé d'éléphans blancs. Des chœurs de musique le précèdent, les principaux officiers de son armée le suivent. Les parfums les plus précieux brûlent autour de lui, et les dépouilles des vaincus ornent sa marche triomphale. M. R.

Haut. 4 m. 70 c. — Larg. 7 m. 07 c.

104. La mort de Caton.

Caton, apprenant que César approchait d'Utique, se donne la mort, après avoir pourvu à la sûreté de ceux qui avaient suivi son parti.

Haut. 0 m. 96 c. — Larg. 1 m. 29 c.

105. La constance de Mutius Scévola.

Haut. 0 m. 96 c. — Larg. 0 m. 34 c.

106. Portrait de Charles Le Brun dans sa jeunesse.

Il tient le portrait d'un militaire dans un cadre octogone.

Haut. 1 m. 04 c. — Larg. 0 m. 85 c.

107. Portrait en pied de Le Brun.

Il est assis devant une table où sont épars divers objets d'art.

Haut. 2 m. 32 c. — Larg. 1 m. 87 c.

108. Portrait d'Alphonse Dufresnoy, peintre.

Haut. 0 m. 73 c. — Larg. 0 m. 59 c.

LEBRUN (Madame), *nee à Paris.*

109. Portrait de Joseph Vernet (1).

Haut. o m. 92 c. — Larg. o m. 72 c.

LEFEVRE (Claude), *né à Fontainebleau en 1633, mort à Londres en 1677; élève de Le Brun et de Le Sueur.*

110. Portraits d'un maître et de son élève.

Haut. 1 m. 34 c. — Larg. 1 m. 10 c.

LENAIN (Louis et Antoine); *ils étaient frères, et moururent tous deux à Laon, lieu de leur naissance, en 1648.*

111. Procession dans l'intérieur d'une église.

Haut. o m. 54 c. — Larg. o m. 65 c.

112. Un maréchal dans sa forge.

Haut. o m. 69 c. — Larg. o m. 57 c.

LEPRINCE (A. Xavier), *né à Paris en 1799, mort à Nice en 1826.*

113. Embarquement de bestiaux dans *le Passager*, à Honfleur.

Haut. 1 m. 31 c. — Larg. 1 m. 63 c.

114. Passage du Susten (canton d'Uri), en Suisse.

Haut. o m. 81 c. — Larg. 1 m. 1 c.

---

(1) Aucun ouvrage d'artiste vivant ne pouvait, selon l'usage, être admis dans le Musée ; mais l'exposition du portrait de J. Vernet au milieu des productions de son pinceau doit être considérée, dans cette circonstance, comme un hommage public rendu à la mémoire de ce grand peintre. C'est par le même motif qu'on a placé dans la galerie les bustes de plusieurs artistes célèbres, dont l'exécution est due à des statuaires vivans.

LESUEUR (Eustache), *né à Paris en 1617, mort dans la même ville en 1655 ; élève de Simon Vouët.*

115. Le père de Tobie donnant des instructions à son fils.

Haut. 1 m. 48 c. — Larg. 1 m. 16 c.

116. La salutation angélique.

Haut. 2 m. 97 c. — Larg. 2 m. 27 c.

117. Le Christ flagellé.

Haut. 1 m. 28 c. — Larg. 0 m. 66 c.

Quelques personnes attribuent ce tableau à Simon Vouët, maître de Le Sueur.

118. Jésus portant sa croix.

Simon le Cyrénéen vient au secours de Jésus, qui succombe sous le poids de la croix ; sainte Véronique lui offre un linge qui reçoit l'impression de la face divine.

Haut. 0 m. 61 c. — Larg. 1 m. 26 c.

119. La descente de croix.

Joseph d'Arimathie, Nicodème et saint Jean, accompagnés de la Vierge et des saintes femmes, ensevelissent le corps de Jésus descendu de la croix.

Haut. 1 m. 34 c. — Larg. 1 m. 32 c.

120. Jésus-Christ apparaît à la Madeleine.

Haut. 1 m. 48 c. — Larg. 1 m. 21 c.

121. Saint Gervais et saint Protais.

Les prêtres ayant déclaré à Astasius qu'il ne vaincrait point les ennemis qu'il allait combattre, s'il n'obligeait

Gervais et Protais à sacrifier aux idoles, le magistrat
romain les fait amener tous deux devant la statue de
Jupiter. M. R.

Haut. 3 m. 67 c. — Larg. 6 m. 84 c.

122. Prédication de saint Paul à Éphèse.

Lorsque cet apôtre prêcha l'Évangile aux Juifs et aux
Gentils d'Éphèse, beaucoup de ceux qui avaient exercé
la magie apportèrent leurs livres et les brûlèrent devant
tout le monde; quand on en eut évalué le prix, on
trouva qu'il montait à cinquante mille pièces d'argent.

Haut. 3 m. 94 c. — Larg. 3 m. 28 c.

123. Le sacrifice de la messe.

Trois religieux, un prêtre, une sainte fille, aperçurent
un globe de feu sur la tête de saint Martin, un jour que
ce saint célébrait la messe, après avoir donné sa tunique
à un pauvre, et s'être contenté, pour vêtement, d'une
mauvaise robe noire. Le Seigneur, disent les légendaires,
opéra ce miracle pour faire connaître combien la charité
de Martin lui était agréable.

Haut. 1 m. 14 c. — Larg. 0 m. 84 c.

124. Apparition de sainte Scholastique à saint Benoît.

Cette sainte, accompagnée de trois anges, des apôtres
saint Pierre et saint Paul, et de deux vierges couronnées
de fleurs, apparaît après sa mort à saint Benoît.

Haut. 1 m. 44 c — Larg. 1 m. 30 c.

Les principaux traits de la vie de saint Bruno.

125. Raymond, docteur, chanoine de Notre-Dame de Paris, prêche devant une nombreuse assemblée, en pré-

sence de saint Bruno qui est sur la gauche, tenant un livre sous le bras.

Haut. 1 *m.* 93 *c.* — *Larg.* 1 *m.* 30 *c.*

126. Raymond meurt après avoir ébloui le peuple par un grand extérieur de piété, joint à un talent distingué pour la prédication. On le voit ici au lit de mort ; un prêtre, accompagné de deux jeunes clercs, lui présente le crucifix. Le démon, placé au-dessus de la tête du docteur, désigne qu'il est mort dans le péché. On aperçoit dans le fond les préparatifs de son convoi.

Haut. 1 *m.* 93 *c.* — *Larg.* 1 *m.* 3o *c.*

127. Résurrection de ce chanoine pendant son office. Il sort à demi de son cercueil, et déclare par trois fois qu'il est condamné par le juste jugement de Dieu. Le cortége, et particulièrement saint Bruno, placé derrière le prêtre officiant, semblent effrayés de cette apparition.

Haut. 1 *m.* 93 *c.* — *Larg.* 1 *m.* 3o *c.*

128. Saint Bruno, prosterné devant le crucifix, se recueille sur le prodige dont il vient d'être témoin. Dans le lointain, on voit jeter en terre le corps du docteur Raymond.

Haut. 1 *m.* 93 *c.* — *Larg.* 1 *m.* 3o *c.*

129. Saint Bruno enseigne la théologie dans les écoles de Reims.

Haut. 1 *m.* 93 *c.* — *Larg.* 1 *m.* 3o *c.*

130. Saint Bruno engage ses disciples et ses amis à quitter le monde et à le suivre dans une solitude ; un d'entre eux fait ses adieux à son père.

Haut. 1 *m.* 93 *c.* — *Larg.* 1 *m.* 3o *c.*

131. Trois anges apparaissent à saint Bruno durant son sommeil, et l'instruisent de ce qu'il doit faire.

Haut. 1 m. 93 c. — *Larg.* 1 m. 30 c.

132. Saint Bruno et ses compagnons, avant de partir pour Grenoble, distribuent tous leurs biens aux pauvres.

Haut. 1 m. 93 c. — *Larg.* 1 m. 30 c.

133. Arrivée de saint Bruno à Grenoble, chez saint Hugues. Cet évêque lui fait part du songe qu'il a eu, et dans lequel le Seigneur, le faisant guider par sept étoiles extrêmement brillantes vers un lieu désert de son diocèse appelé Chartreuse, lui ordonnait d'y élever un temple.

Haut. 1 m. 93 c. — *Larg.* 1 m. 30 c.

134. Voyage à la Chartreuse. Saint Bruno et ses compagnons à cheval, conduits par saint Hugues, traversent les montagnes pour se rendre dans une vallée que le saint évêque lui avait accordée près du village appelé Chartreuse. Ce village a donné son nom à l'institution du monastère de cet ordre.

Haut. 1 m. 93 c. — *Larg.* 1 m. 30 c.

135. Saint Bruno examine le plan qu'on lui présente de l'église de Notre—Dame de Casalibus ou des Solitaires, et de sept petites cellules qu'il fait construire sur la croupe d'une montagne. Premier établissement des Chartreux, en 1084.

Haut. 1 m. 93 c. — *Larg.* 1 m. 30 c.

136. Prise d'habit. Saint Hugues donne à saint Bruno et à ses compagnons l'habit blanc de leur nouvel ordre.

Haut. 1 m. 93 c. — *Larg.* 1 m. 30 c.

137. Le pape Victor III, assis sur le siége apostolique, confirme, en plein consistoire, l'institution de l'ordre des Chartreux, dont un cardinal fait lecture.

Haut. 1 *m.* 93 *c.* — *Larg.* 1 *m.* 30 *c.*

138. Saint Bruno, décoré de sa chasuble, à l'office de la messe, revêt l'habit à plusieurs personnes qui embrassent son ordre. Parmi les assistans, on voit le père d'un des nouveaux initiés qui semble regretter la perte d'un fils renonçant au monde pour embrasser l'état monastique.

Haut. 1 *m.* 93 *c.* — *Larg.* 1 *m.* 30 *c.*

139. Saint Bruno reçoit un bref du pape Urbain II, son disciple. Ce pontife l'invite à venir le trouver à Rome pour l'aider de ses conseils. Le messager du pape attend la réponse. Plusieurs religieux témoignent leur inquiétude sur les motifs de ce message.

Haut. 1 *m.* 93 *c.* — *Larg.* 1 *m.* 30 *c.*

140. Arrivée de saint Bruno à Rome. Il se prosterne devant Urbain II, et lui baise les pieds ; le pape lui tend les bras avec affection.

Haut. 1 *m.* 93 *c.* — *Larg.* 1 *m.* 30 *c.*

141. Saint Bruno, à genoux devant le pape, refuse la mître d'archevêque qu'il lui offre.

Haut. 1 *m.* 93 *c.* — *Larg.* 1 *m.* 30 *c.*

142. Saint Bruno, retiré dans les déserts de la Calabre pour fonder une nouvelle Chartreuse, prie Dieu, dans sa cellule, d'être favorable à cet établissement. Ses religieux commencent à défricher la terre.

Haut. 1 *m.* 93 *c.* — *Larg.* 1 *m.* 30 *c.*

143. Roger, comte de Sicile et de Calabre, étant à la chasse, est conduit par hasard vers la solitude de saint Bruno, qu'il trouve en prière ; pénétré de respect, il descend de cheval, et s'agenouille devant lui.

Haut. 1 m. 93 c. — *Larg.* 1 m. 30 c.

144. Saint Bruno apparaît en songe au comte Roger, couché dans sa tente, et lui donne avis que Sergius, prince grec, un de ses commandans, le trahit, et est sur le point de livrer son armée au prince de Capoue, avec qui Roger était en guerre. Le comte s'éveille et prend ses armes. Dans le lointain, on aperçoit l'armée du prince de Capoue qui sort de la ville.

Haut. 1 m. 93 c. — *Larg.* 1 m. 30 c.

145. Mort de saint Bruno. Le saint, après avoir fait une confession de sa vie aux Chartreux assemblés, meurt au milieu d'eux en joignant les mains. Il est dans sa cellule, couché sur un lit tel que le prescrivait l'institution de l'ordre.

Haut. 1 m. 93 c. — *Larg.* 1 m. 30 c.

146. Saint Bruno est enlevé au ciel.

Haut. 1 m. 93 c. — *Larg.* 1 m. 30 c.

Ces ouvrages, au nombre de vingt-deux, ornaient le cloître des Chartreux, et avaient été peints sur bois ; depuis ils ont été fixés sur toile.

147. Saint Bruno et ses compagnons distribuent tous leurs biens aux pauvres.

Hau t. 0 m. 72 c. — *Larg.* 0 m. 57 c.

Esquisse, avec plusieurs changemens, du tableau n° 132, huitième du cloître des Chartreux.

148. Saint Bruno examinant le plan de la Chartreuse de Rome.

Haut. 1 m. 62 c. — *Larg.* 1 m. 14 c.

149. Clio, Euterpe et Thalie.

Haut. 1 m. 32 c. — Larg. 1 m. 30 c.

150. Melpomène, Erato et Polymnie.

Haut. 1 m. 32 c. — Larg. 1 m. 38 c.

151. Uranie.

Haut. 1 m. 16 c. — Larg. 0 m. 75 c.

152. Terpsichore.

Haut. 1 m. 16 c. — Larg. 0 m. 75 c.

153. Calliope.

Haut. 1 m. 16 c. — Larg. 0 m. 75 c.

Ces cinq ouvrages étaient autrefois placés à l'hôtel Lambert, dans un salon connu sous le nom de cabinet des Muses.

154. Phaëton demande à Apollon la conduite de son char.

Haut. 2 m. 87 c. — Larg. 3 m. 74 c.

Ce tableau, composé pour un plafond, décorait le salon des Muses de l'hôtel Lambert. Il était peint sur plâtre ; depuis il fut enlevé et remis sur toile.

Histoire de l'Amour.

155. La naissance de l'Amour.

Haut. 1 m. 83 c. — Larg. 1 m. 27 c.

156. Vénus présente l'Amour à Jupiter.

Haut. 1 m. 0 c. — Larg. 1 m. 97 c.

157. L'Amour reçoit l'hommage des dieux.

Haut. 1 m. 0 c. — Larg. 1 m. 97 c.

2 *

158. L'Amour ordonne à Mercure d'annoncer son pouvoir à l'univers.

Haut. 1 m. 0 c. — Larg. 2 m. 50 c.

159. L'Amour, réprimandé par sa mère, se réfugie dans les bras de Cérès.

Haut. 0 m. 97 c. — Larg. 2 m. 50 c.

160. L'Amour dérobe le foudre de Jupiter.

Haut. 1 m. 36 c. — Larg. 1 m. 26 c.

Ces six tableaux décoraient le salon de l'Amour, à l'hôtel Lambert.

LICHERIE (Louis), *né à Houdan, en Normandie, mort en 1687; élève de Le Brun.*

161. La rencontre de David et d'Abigaïl.

Haut. 1 m. 38 c. — Larg. 2 m. 13 c.

LORRAIN (Claude Gelée, dit le), *né au château de Chamagne, en Lorraine, en 1600, mort à Rome en 1682; élève de Goffreai, peintre napolitain.*

162. Le sacre de David.

Samuel, par ordre de Dieu, sacre roi d'Israël David, fils d'Isaïe, en présence de son père et de ses frères. La scène se passe sous un portique d'ordre dorique, d'où la vue s'étend sur un riche paysage.

Haut. 1 m. 19 c. — Larg. 1 m. 50 c.

163. Le débarquement de Cléopâtre.

Cette reine, obligée d'aller rendre compte de sa conduite à Marc-Antoine, aborde à Tarse sur un bâtiment magnifique, et se présente au triumvir dans la parure la plus recherchée.

Haut. 1 m. 19 c. — Larg. 1 m. 69 c.

164. Marine.

Des vaisseaux richement chargés entrent dans un port que bordent de chaque côté des édifices somptueux. A gauche, sur le devant, on aperçoit les apprêts d'un sacrifice.

Haut. 1 m. 18 c. — Larg. 1 m. 50 c.

165. Marine.

Sur le premier plan sont deux guerriers dans le costume antique.

Haut. 1 m. 19 c. — Larg. 1 m. 50 c.

166. La fête villageoise.

Au bord d'une rivière et à l'ombre de bouquets d'arbres agréablement groupés, des villageois dansent au son de leurs instrumens rustiques. Quelques habitans de la ville viennent prendre part à leurs amusemens.

Haut. 1 m. 03 c. — Larg. 1 m. 37 c.

167. Vue d'un port de mer au soleil couchant.

Le quai est orné de palais, la mer couverte de vaisseaux et de gondoles. On voit sur le devant deux hommes du peuple qui se battent, et un militaire tirant son épée pour les séparer.

Haut. 1 m. 03 c. — Larg. 1 m. 37 c.

168. Marine ; effet de soleil.

On aperçoit au loin quelques vaisseaux dans un détroit bordé de rochers et défendu par une citadelle.

Haut. 0 m. 33 c. — Larg. 0 m. 43 c.

169. Paysage.

Il est traversé par une rivière dans laquelle un pâtre abreuve son troupeau.

Haut. 0 m. 33 c. — Larg. 0 m. 43 c.

170. Vue du Campo Vaccino, à Rome.

On remarque à gauche l'arc de triomphe de Septime Sévère, les restes du temple d'Antonin et de Faustine, et ceux du temple de la Paix ; dans le fond le Colysée et l'arc de Titus ; à droite, sur le devant, le temple de la Concorde, les trois colonnes de Jupiter Stator et les ruines du palais des empereurs.

Haut. o m. 56 c. — Larg. o m. 72 c.

171. Marine couverte de vaisseaux.

Le rivage est orné d'édifices d'une riche architecture. Plusieurs groupes circulent sur la plage, où sont étalés des coffres, de la faïence, etc.

Haut. o m. 56 c. — Larg. o m. 72 c.

172. Marine.

Sur le devant un vaisseau et une barque ; dans le fond un phare élevé sur un rocher ; plus loin un port et une grande ville dominés par de hautes montagnes qui s'étendent à l'horizon.

Haut. o m. 64 c. — Larg. 1 m. o1 c.

173. Paysage.

Une femme conduit devant elle une vache et un troupeau de chèvres.

Haut. o m. 52 c. — Larg. o m. 69 c.

174. Paysage.

Des animaux traversent une rivière ; on voit trois figures sur le devant.

Haut. 1 m. 17 c. — Larg. 1 m. 5o c.

175. Siége de la Rochelle, prise par Louis XIII le 8 octobre 1628.

On voit dans le lointain un camp et la mer couverte de vaisseaux.

Haut. o m. 28 c. — Larg. o m. 42 c.

176. Le Pas de Suze forcé par Louis XIII en 1629.

L'armée est en marche. Sur un plan éloigné, on aperçoit les principaux édifices d'une ville que domine un roc fortifié.

Haut. o m. 28 c. — *Larg.* o m. 42 c.

Les figures des deux tableaux précédens ont été peintes par Callot.

177. Marine.

Sur le devant on voit des femmes qui paraissent s'embarquer ; l'une d'elles porte un chapelet.

Haut. 1 m. o5 c. — *Larg.* 1 m. 47 c.

MICHALLON (Achille-Etna), *né en* 1797, *mort à Paris en* 1822.

178. Paysage.

Les figures représentent Thésée poursuivant les Centaures.

Haut. 2 m. 17 c. — *Larg.* 2 m. 73 c.

179. Paysage.

La mort de Roland à la bataille de Roncevaux.

Haut. 1 m. 90 c. — *Larg.* 2 m. 81 c.

180. Paysage.

Vue de Frascati.

Haut. 1 m. 26 c. — *Larg.* 1 m. 72 c.

MIGNARD (Pierre), *surnommé* LE ROMAIN, *né à Troyes, en Champagne, en* 1610, *mort à Paris en* 1695, *élève de Vouët.*

181. La Vierge à la Grappe.

La Vierge présente une grappe de raisin à l'Enfant-Jésus.

Haut. 1 m. 23 c. — *Larg.* o m. 95 c.

182. Jésus sur le chemin du Calvaire, succombant de fatigue.

Simon le Cyrénéen soulage N. S. du poids de sa croix. On voit sur le devant du tableau la Vierge, saint Jean et la Madeleine plongés dans la douleur ; plus loin, les deux larrons conduits au supplice, dont on aperçoit les apprêts sur le haut de la montagne.

Haut. 1 m. 50 c. — Larg. 1 m. 98 c.

183. Saint Luc peignant la Vierge. M. R.

Haut. 1 m. 23 c. — Larg. 1 m. 01 c.

184. Sainte Cécile chante les louanges du Seigneur.

Elle est accompagnée d'un ange qui tient un livre de musique.

Haut. 0 m. 74 c. — Larg. 0 m. 56 c.

185. Portrait de Madame de Maintenon.

Haut. 1 m. 30 c. — Larg. 0 m. 96 c.

186. Portraits en pied de Louis, Dauphin, *dit* Monseigneur, fils de Louis XIV ; de Marie-Anne-Christine-Victoire de Bavière, son épouse, et de leurs enfans :

Louis, duc de Bourgogne, qui fut père de Louis XV ;
Philippe, duc d'Anjou ;
Et Charles, duc de Berry.

Haut. 2 m. 32 c. — Larg. 3 m. 04 c.

187. Portrait en pied de Mignard.

Il est assis devant une table couverte d'un tapis, sur laquelle on aperçoit des dessins et quelques morceaux de sculpture. Dans le fond, sur un chevalet, est l'esquisse de la coupole du Val-de-Grâce peinte par Mignard. A gauche, sur le devant, le buste de la Marquise de Feuquières, sa fille, une palette et des pinceaux.

Haut. 2 m. 35 c. — Larg. 1 m. 88 c.

188. Portrait de la Marquise de Feuquières, fille de Mignard.

Elle tient le portrait de son père.

Haut. 1 m. 18 c. — Larg. 0 m. 90 c.

OUDRY (JEAN-BAPTISTE), *né en 1686, mort en 1755 élève de Largillière.*

189. La chasse au loup.

On voit l'animal forcé par les chiens à se défendre en cherchant à fuir.

Haut. 2 m. 63 c. — Larg. 3 m. 55 c.

190. La chasse au sanglier.

Haut. 2 m. 35 c. — Larg. 3 m. 50 c.

191. Un chien gardant des pièces de gibier, parmi lesquelles est un héron.

Haut. 1 m. 20 c. — Larg. 1 m. 72 c.

PARROCEL (JOSEPH), le père, *né à Brignoles, en Provence, en 1648, mort à Paris en 1704; élève de Bourguignon.*

192. Le passage du Rhin.

On voit sur le devant du tableau Louis XIV à cheval, au milieu de ses généraux, qui viennent recevoir ses ordres.

Haut. 1 m. 81 c. — Larg. 1 m. 62 c.

PATEL (PIERRE), le père, *né en* 1654.

193. Paysage.

Il est orné de figures et d'animaux, et traversé par un fleuve dont le cours est interrompu par une chute d'eau; sur le devant s'élèvent les ruines d'un superbe édifice d'ordre corinthien.

Haut. 0 m. 93 c. — *Larg.* 1 m. 50 c.

PESNE (ANTOINE), *né à Paris en* 1683, *mort à Berlin, premier peintre du roi de Prusse en* 1743; *petit neveu et élève de Delafosse, et neveu de Jean Pesne, célèbre graveur.*

194. Portrait du chevalier Vleughels, peintre, directeur de l'Académie de Rome.

Haut. 1 m. 31 c. — *Larg.* 0 m. 99 c.

PEYRON (JEAN-FRANÇOIS-PIERRE), *né à Aix en* 1744, *mort à Paris en* 1813; *élève de Jean-François Lagrénée.*

195. Paul-Emile, vainqueur de Persée.

Ce dernier roi des Macédoniens lui est amené avec sa famille. Paul-Emile, disposé à adoucir le sort de ce roi captif et à honorer son malheur, s'indigne de l'excès d'abaissement où il se livre.

Haut. 1 m. 30 c. — *Larg.* 1 m. 96 c.

POUSSIN (NICOLAS), *né aux Andelys, en Normandie, en* 1594, *mort en* 1665, *à Rome, où il a passé la plus grande partie de sa vie, et exécuté presque tous ses ouvrages; élève de Quintin Varin.*

196. Rébecca et Eliézer.

Eliézer, économe d'Abraham, chargé d'aller en Mésopotamie chercher une femme pour Isaac, reconnaît celle que l'Eternel lui destinait à la grâce que Rébecca, fille de Bathuel, mit à lui offrir l'eau qu'il lui avait demandée. Il lui présente un anneau et des bracelets.

Haut. 1 m. 17 c. — Larg. 1 m. 98 c.

197. Moïse sauvé des eaux.

Thermutis, fille de Pharaon, se promenant sur les bords du Nil, aperçoit un enfant dans un berceau que l'on avait exposé à la merci des eaux; elle ordonne qu'on l'en retire et le fait porter dans son palais. M. R.

Haut. 0 m. 95 c. — Larg. 1 m. 20 c.

198. Moïse sauvé des eaux.

Même sujet que le précédent, mais d'une composition toute différente. On ne compte dans le premier que sept figures, au nombre desquelles est un homme qui vient de descendre dans le fleuve pour retirer l'enfant. Le second tableau offre dix personnages, la figure allégorique du Nil y est complètement développée, et la ville que l'on aperçoit dans le fond se présente sous un aspect plus somptueux et plus imposant. M. R.

Haut. 1 m. 21 c. — Larg. 1 m. 95 c.

199. Moïse, enfant, jette par terre et foule aux pieds la couronne de Pharaon.

Haut. 0 m. 92 c. — Larg. 1 m. 27 c.

200. Moïse change en serpent la verge d'Aaron.

Haut. 0 m. 92 c. — Larg. 1 m. 27 c.

201. Les Israélites recueillent la manne dans le désert.

Haut. 1 m. 49 c. — Larg. 1 m. 98 c.

202. Les Philistins frappés de la peste.

Ayant osé déposer près de leur idole l'arche du Seigneur qu'ils avaient enlevée aux Israélites, les Philistins sont frappés d'une cruelle maladie qui en moissonne un grand nombre. M. R.

Haut. 1 m. 49 c. — *Larg.* 1 m. 98 c.

203. Le jugement de Salomon.

Ce roi, modèle de sagesse, en ordonnant de partager l'enfant que deux femmes réclamaient à la fois, parvient à connaître la véritable mère, qui consent à abandonner son fils, pourvu qu'il vive.

Haut. 1 m. 01 c. — *Larg.* 1 m. 50 c.

204. L'adoration des mages.

Haut. 1 m. 63 c. — *Larg.* 1 m. 74 c.

205. La Sainte-Famille.

L'Enfant-Jésus, sur les genoux de la Vierge, caresse le petit saint Jean, que sainte Élisabeth tient dans ses bras. Saint Joseph est debout et joint les mains. Le fond représente un paysage.

Haut. 0 m. 68 c. — *Larg.* 0 m. 51 c.

206. Le repos de la Sainte-Famille.

Groupe de cinq figures, fond de paysage.

Haut. 0 m. 94 c. — *Larg.* 1 m. 22 c.

207. Les aveugles de Jéricho.

Deux aveugles entendant Jésus qui sortait de Jéricho, accompagné de Pierre, de Jacques et de Jean, lui demandent leur guérison, et l'obtiennent. M. R.

Haut. 1 m. 19 c. — *Larg.* 1 m. 76 c.

208. Jésus guérissant les aveugles.

Haut. 0 m. 32 c. — *Larg.* 0 m. 42 c.

209. La femme adultère.

Jésus, connaissant la malice des docteurs de la loi et

des Pharisiens qui l'interrogeaient sur le sort d'une femme adultère que la loi condamnait à être lapidée, se contente de tracer ces mots : *Que celui d'entre vous qui est sans péché lui jette la première pierre !* M. R.

Haut. 1 m. 22 c. — Larg. 1 m. 95 c.

210. La Cène.

Debout, au milieu du cénacle et entouré de ses disciples, Jésus institue le sacrement de l'eucharistie.

Haut. 3 m. 25 c. — Larg. 2 m. 53 c.

211. La mort de Saphire.

Cette femme ayant détourné, de concert avec Ananie son mari, une partie du prix d'un fonds de terre dont la valeur devait être apportée aux apôtres, tombe morte aux pieds de saint Pierre. M. R.

Haut. 1 m. 22 c. — Larg. 2 m. 0 c.

212. Jean donnant le baptême.

Le fils de Zacharie et d'Élisabeth baptise dans les eaux du Jourdain les habitans de Jérusalem et de la Judée. M. R.

Haut. 0 m. 94 c. — Larg. 1 m. 20 c.

213. Apparition de la Vierge à saint Jacques-le-Majeur.

Saint Jacques-le-Majeur, sortant un soir avec ses disciples pour prier sur les bords de l'Ebre, reçut de la Vierge, qui vivait encore sur la terre, et qui lui apparut sur une colonne de jaspe, l'ordre d'édifier en ce lieu une église. Les légendaires qui rapportent ce fait ajoutent que le saint fit construire une chapelle où l'on conserva la colonne de jaspe.

Haut. 3 m. 01 c. — Larg. 2 m. 42 c.

214. L'assomption de la Vierge. M. R.

Haut. 0 m. 51 c. — Larg. 0 m. 40 c.

215. Le ravissement de saint Paul.

Dans sa seconde épître aux Corinthiens, saint Paul dit qu'il fut ravi dans le paradis, et qu'il y entendit des paroles qu'il n'est pas permis à un homme de rapporter. M. R.

Haut. 1 m. 48 c. — Larg. 1 m. 18 c.

216. Saint François-Xavier dans les Indes.

Il rappelle à la vie, devant un grand nombre de spectateurs, la fille d'un habitant du Japon, morte subitement.

Haut. 4 m. 44 c. — Larg. 2 m. 34 c.

217. Le printemps.

Adam et Eve dans le paradis terrestre.

Haut. 1 m. 17 c. — Larg. 1 m. 60 c.

218. L'été.

Ruth étant arrivée à Bethléem avec sa belle-mère Noëmi, au temps de la moisson, ramasse des épis de blé dans le champ de Booz.

Haut. 1 m. 17 c. — Larg. 1 m. 60 c.

219. L'automne.

Deux Israélites rapportent une grappe de raisin de la terre promise.

Haut. 1 m. 17 c. — Larg. 1 m. 60 c.

220. L'hiver, dit le déluge.

Le disque du soleil est obscurci, la foudre s'échappe du sein des nuages. Les eaux ont couvert des habitations dont on n'aperçoit plus que le faîte, et l'arche qui porte Noé et sa famille flotte dans le lointain au niveau des montagnes. Dans l'endroit où l'inondation forme entre les rochers une espèce de cascade, une barque se brise et va disparaître avec les malheureux qui s'y étaient réfugiés. D'autres sont près d'être submergés avec leurs chevaux ; des reptiles se glissent entre des rochers pour en atteindre le sommet: tout présente l'image d'une destruction universelle. Une femme dans une barque, oubliant son propre péril, élève les bras vers son époux et lui présente son enfant au berceau qu'elle espère encore sauver. Le père se penche pour le saisir, mais la distance qui les sépare ne lui permet pas de l'atteindre. M. R.

Haut. 1 m. 17 c. — Larg. 0 m. 0 c.

221. L'éducation de Bacchus.

Un satyre présente une coupe à Bacchus encore enfant, soutenu par un faune. On voit sur le devant du tableau une femme couchée et un enfant endormi sur son sein.

Haut. 0 m. 97 c. — Larg. 1 m. 36 c.

222. Bacchanale.

Un faune tient d'une main une grappe de raisin, et de l'autre emplit une coupe que lui présente un enfant. Parmi les différens personnages qui font des libations en l'honneur du dieu de la vendange, on voit une femme assise qui joue de la guitare.

Haut. 1 m. 21 c. — Larg. 1 m. 75 c.

223. Echo et Narcisse.

Insensible aux attraits de la nymphe Echo, Narcisse est puni de ses mépris par la déesse Némésis. Une fontaine limpide lui présentant sa propre figure, il devient amoureux de sa ressemblance, et se laisse consumer d'amour et de désirs sur le bord de cette fontaine. M. R.

Haut. 0 m. 74 c. — Larg. 0 m. 99 c.

224. Le triomphe de Flore.

Haut. 1 m. 65 c. — Larg. 2 m. 41 c.

225. La mort d'Eurydice.

Occupée à cueillir des fleurs sur les bords du Pénée

Eurydice, le jour même de ses noces, est piquée par un serpent; près de là Orphée mêlant sa voix aux accords de sa lyre, au milieu des compagnes de sa jeune épouse, ignore encore le fatal accident qui va la lui ravir. M. R.

Haut. 1 m. 25 c. — *Larg.* 2 m. 0 c.

226. Les bergers d'Arcadie.

L'artiste a voulu représenter le souvenir de la mort au milieu des prospérités de la vie. Un berger, le genou en terre, montre du doigt ces mots gravés sur un tombeau : *Et in Arcadiâ ego.* Derrière lui un jeune homme, la tête ornée d'une guirlande de fleurs, s'appuie sur le tombeau et le considère d'un air mélancolique. Près d'eux, une jeune fille agréablement parée, posant une main sur l'épaule d'un autre berger, le regarde, et semble lui faire lire cette inscription.

Haut. 0 m. 93 c. — *Larg.* 1 m. 21 c.

227. Le jeune Pyrrhus.

Angelus et Androclidès, les plus zélés serviteurs d'Eacides, roi des Molosses, voyant leur maître chassé de ses états, enlèvent son fils Pyrrhus, encore à la mamelle, avec les femmes qui le nourrissaient. Poursuivis, ils combattent leurs ennemis en fuyant, et parviennent vers la fin du jour sur les bords d'une rivière enflée par les pluies. Désespérant de la passer à gué ou de se faire entendre des gens du pays placés sur l'autre rive, l'un d'eux s'avise de faire connaître leur situation en traçant quelques lignes sur deux morceaux d'écorce de chêne qu'il lance à l'autre bord, après avoir attaché l'un au fer d'une lance, et roulé l'autre autour d'une pierre. Les Mégariens, touchés des malheurs de Pyrrhus, coupent les arbres, les lient ensemble, traversent la rivière, et parviennent à le sauver. M. R.

Haut. 1 m. 16 c. — *Larg.* 1 m. 62 c.

228. Mars et Rhéa Sylvia.

Haut. 0 m. 91 c. — *Larg.* 1 m. 45 c.

229. L'enlèvement des Sabines.

Les Sabines ayant refusé de s'unir aux Romains par

des mariages, Romulus dissimule son ressentiment, et attire les Sabins à Rome sous prétexte de les faire participer à une fête en l'honneur du dieu Consus ; là, au signal convenu, les jeunes Sabines sont enlevées, et deviennent les épouses de leurs ravisseurs.

Haut. 1 m. 60 c. — Larg. 2 m. 07 c.

230. Le maître d'école renvoyé aux Falisques.

La ville de Falères étant assiégée par Furius Camillus, un maître d'école vint livrer à ce général les enfans des plus illustres maisons de cette ville. Camille, indigné de sa perfidie, lui fit attacher les mains derrière le dos, et ordonna à ses jeunes disciples de s'armer de verges et de le ramener dans la ville en le frappant.

Haut. 2 m. 52 c. — Larg. 2 m. 68 c.

231. Diogène jetant son écuelle.

Ce philosophe, se promenant aux environs d'Athènes, vit près d'une source un jeune homme qui, pour se désaltérer, buvait dans le creux de sa main : *Tu m'apprends*, dit-il, *que je conserve encore du superflu*, et il jette son écuelle loin de lui. M. R.

Haut. 1 m. 61 c. — Larg. 2 m. 20 c.

232. Triomphe de la vérité.

Le temps enlève la vérité, la soustrait aux atteintes de l'envie et de la calomnie, et la porte triomphante au séjour de l'éternité. M. R.

Diam. 2 m. 97 c.

233. Enfans jouant ensemble.

Haut. 0 m. 57 c. — Larg. 0 m. 52 c.

234. Portrait du Poussin.

Il est à mi-corps, vu de face et assis, la main droite posée sur un livre.

Haut. 0 m. 93 c. — Larg. 0 m. 75 c.

PRUD'HON (Pierre-Paul) , *né à Cluny (Saône-et-Loire) , mort à Paris le 16 février 1823.*

235. Le Christ sur la croix.

Haut. m. 74 c. — Larg. 1 m. 67 c.

236. La justice et a vengeance divine poursuivant le crime.

Allégorie. *Haut. 2 m. 42 c. — Larg. 2 m. 92 c.*

PUGET (François), *fils du célèbre sculpteur de ce nom, mourut en 1707.*

237. Portraits de plusieurs musiciens et artistes du siècle de Louis XIV.

Ils sont réunis autour d'une table. L'un joue de la guitare, un autre accorde une basse , un troisième tient un violon. On remarque dans cette composition les portraits de Lulli et de Quinault.

Haut. 1 m. 47 c. — Larg. 2 m. 12 c.

RESTOUT (Jean), le père, *né à Rouen en 1692 , mort à Paris en 1768.*

238. Le Christ guérissant le paralytique.

Haut. 3 m. 84 c. — Larg. 4 m. 58 c.

RESTOUT , le fils, *élève de Jean Restout, son père, vivait en 1780.*

239. Saint Bruno en prière dans le désert.

Haut. 0 m. 47 c. — Larg. 0 m. 56 c.

RIGAUD (Hyacinthe), *né à Perpignan en 1659 , mort à Paris en 1743.*

240. La présentation au temple.

Haut. 0 m. 83 c. — Larg. 0 m. 08 c.

241. Saint André appuyé sur une croix, les yeux élevés vers le ciel.

Haut. 1 m. 53 c. — Larg. 1 m. 03 c.

242. Portrait en pied de Louis XIV, revêtu des habits royaux.

Haut. 2 m. 76 c. — Larg. 1 m. 95 c.

243. Portrait en pied de Louis XV enfant.

Haut. 1 m. 91 c. — Larg. 1 m. 36 c.

244. Portrait en pied de Bossuet.

Haut. 2 m. 40 c. — Larg. 1 m. 65 c.

245. Portrait en pied de Pierre Mignard.

Il tient un crayon et un portefeuille.

Haut. 1 m. 45 c. — Larg. 1 m. 12 c.

246. Portraits de Le Brun et de Mignard.

Le premier tient sa palette et ses pinceaux; le second, son portefeuille.

Haut. 1 m. 30 c. — Larg. 1 m. 0 c.

247. Portrait de Mansard, architecte.

On voit dans le lointain l'église des Invalides, bâtie sur ses dessins.

Haut. 1 m. 40 c. — Larg. 1 m. 05 c.

248. Portrait de Martin Bogaert, sculpteur, connu en France sous le nom de Desjardins.

Sa main gauche est appuyée sur une tête de bronze qui paraît appartenir à l'une des statues dont il avait orné la place des Victoires.

Haut. 1 m. 41 c. — Larg. 1 m. 06 c.

249. Tableau de famille composé de trois figures : le père, la mère et un enfant.

Haut. 1 m. 25 c. — Larg. 1 m. 54 c.

250. Portrait de Rigaud à son chevalet.

Haut. 1 m. 30 c. — Larg. 1 m. 41 c.

ROBERT (HUBERT), *né à Paris en 1733, mort dans la même ville en 1808 ; n'a point eu de maître.*

251. Porte de ville pratiquée au milieu des ruines d'un temple.

Plus loin une rue, à l'entrée de laquelle est un marché au poisson.

Haut. 1 m. 61 c. — Larg. 1 m. 16 c.

252. Portique sous lequel s'élève une statue équestre en bronze, montée sur son piédestal.

Sur le devant quelques fragmens de sculpture et d'architecture, et l'entrée d'un souterrain dans lequel on voit descendre une jeune femme.

Haut. 1 m. 61 c. — Larg. 1 m. 16 c.

SANTERRE (JEAN-BAPTISTE), *né à Magny, près Pontoise en 1651, mort à Paris en 1717 ; élève de Bon Boulongne.*

253. Susanne au bain, observée par les vieillards.

Haut. 2 m. 05 c. — Larg. 1 m. 45 c.

STELLA (JACQUES), *né à Lyon en 1596, mort à Paris en 1657 ; élève de son père, qu'il perdit fort jeune. Il alla se perfectionner en Italie.*

254. Jésus-Christ apparaît à la Madeleine.

Haut. 0 m. 30 c. — Larg. 0 m. 41 c.

255. Minerve au milieu des Muses.

Haut. 1 m. 15 c. — Larg. 1 m. 62 c.

SUBLEYRAS (PIERRE), *né à Uzès en 1699, mort à Rome en 1749; élève de son père.*

256. La Madeleine aux pieds de Jésus-Christ chez Simon le Pharisien.

Haut. 2 m. 15 c. — Larg. 6 m. 79 c.

257. La Madeleine aux pieds de Jésus-Christ chez Simon le Pharisien.

Haut. 0 m. 24 c. — Larg. 0 m. 64 c.

Esquisse terminée du tableau précédent.

258. Le serpent d'airain.

Haut. 0 m. 97 c. — Larg. 1 m. 30 c.

259. Le martyre de saint Pierre.

Haut. 1 m. 36 c. — Larg. 0 m. 82 c.

260. Le martyre de saint Hippolyte.

Haut. 0 m. 74 c. — Larg. 1 m. 0 c.

261. Saint Basile-le-Grand.

Haut. 1 m. 34 c. — Larg. 0 m. 77 c.

262. L'empereur Théodose recevant la bénédiction de saint Ambroise.

Haut. 0 m. 50 c. — Larg. 0 m. 32 c.

263. Saint Bruno guérissant un enfant.

Haut. 0 m. 50 c. — Larg. 0 m. 32 c.

VALENCIENNES (PIERRE-HENRI), *né à Toulouse, mort à Paris en 1819; élève de G. F. Doyen.*

264. Paysage.

Cicéron, étant questeur en Sicile, découvre le tombeau

d'Archimède, que les Syracusains assuraient ne pas pos-
séder sur leur territoire.

Haut. 1 m. 19 c. — Larg. 1 m. 62 c.

VALENTIN (Moïse), *né à Coulommiers, dans la Brie,
en 1600, mort à Rome en 1632; élève de Vouët.*

265. L'innocence de Susanne reconnue.

Haut. 1 m. 75 c. — Larg. 2 m. 11 c.

266. Le jugement de Salomon.

Haut. 1 m. 76 c. — Larg. 2 m. 10 c.

267. Le denier de César.

Les Pharisiens ayant demandé à Jésus si l'on devait
payer le tribut à César, il se fait apporter une pièce de
monnaie et dit : *Rendez à César ce qui est à César, et à
Dieu ce qui est à Dieu.*

Haut. 1 m. 11 c. — Larg. 1 m. 54 c.

Les quatre évangélistes. M. R.

268. Saint Mathieu.

Haut. 1 m. 20 c. — Larg. 1 m. 46 c.

269. Saint Marc.

Haut. 1 m. 20 c. — Larg. 1 m. 46 c.

270. Saint Luc.

Haut. 1 m. 20 c. — Larg. 1 m. 46 c.

271. Saint Jean.

Haut. 1 m. 20 c. — Larg. 1 m. 46 c.

272. Un concert.

Parmi les huit personnes qui le composent, une jeune
fille accompagne sur le clavecin deux jeunes gens qui

chantent. Des deux musiciens, placés sur le devant, l'un joue de la guitare, l'autre d'un instrument à vent. Ces deux personnages ont le costume militaire.

Haut. 1 m. 75 c. — Larg. 2 m. 16 c.

273. Un concert.

Cinq personnes, à la suite d'un repas, chantent et s'accompagnent de divers instrumens. Sur le devant du tableau un soldat vide un vase rempli de vin.

Haut. 1 m. 73 c. — Larg. 2 m. 14 c.

274. Deux soldats accompagnés de deux femmes.

L'un verse du vin dans un verre, l'autre joue de la flûte.

Haut. 0 m. 96 c. — Larg. 1 m. 33 c.

275. Une femme tient la main d'un soldat et lui dit sa bonne aventure.

Sur le devant, à droite, un vieillard joue de la harpe; près de lui une jeune fille chante en s'accompagnant sur la guitare.

Haut. 1 m. 25 c. — Larg. 1 m. 75 c.

VANLOO (CHARLES-ANDRÉ), *plus connu sous le nom de* CARLE VAN LOO, *né à Nice, en Provence, en 1705, mort en 1765; élève de Benedetto Luti.*

276. Le Saint-Esprit préside à l'union de la Vierge et de saint Joseph.

Haut. 0 m. 62 c. — Larg. 0 m. 36 c.

277. Enée portant son père Anchise au milieu de l'incendie de Troie. M. R.

Haut. 1 m. 10 c. — Larg. 1 m. 65 c.

VAN SPAENDONCK (GÉRARD), *né à Tilbourg, en Hollande, le 23 mars 1746, mort à Paris le 11 mai 1822; élève de Herreins.*

278. Fleurs et fruits.

Les fleurs, au nombre desquelles on remarque des roses trémières, des campanules, des anémones, etc., sont dans un vase d'albâtre, au pied duquel se trouve une corbeille remplie de maïs, pêches, raisin noir, groseilles, et autres fruits.

Haut. 1 m. 18 c. — Larg. 0 m. 90 c.

VERNET (CLAUDE JOSEPH), *né à Avignon en 1714, mort à Paris en 1789; élève de son père, reçut à Rome, où il passa vingt années, des leçons de Lucatelli.*

279. Vue de l'entrée du port de Marseille, prise de la montagne appelée Tête de More; 1754.

Vernet s'y est représenté dessinant, entouré de sa famille, qui lui fait remarquer Annibal, vieillard âgé de 110 ans.

Haut. 1 m. 65 c. — Larg. 2 m. 63 c.

280. Vue de l'intérieur du port de Marseille, prise du pavillon de l'horloge du parc; 1754.

Haut. 1 m. 65 c. — Larg. 2 m. 63 c.

281. Vue du golfe de Bandol.

On voit sur le devant la mandrague ou pêche du thon; 1755.

Haut. 1 m. 65 c. — Larg. 2 m. 63 c.

282. Vue de la rade d'Antibes, prise du côté de la terre; 1756.

Haut. 1 m. 65 c. — Larg. 2 m. 63 c.

283. Vue du port neuf de Toulon, prise de l'angle du parc d'artillerie; 1756.

Haut. 1 m. 65 c. — Larg. 2 m. 63 c.

284. Vue de la rade de Toulon.

Elle offre l'aspect des belles campagnes des environs; 1756.

Haut. 1 m. 65 c. — Larg. 2 m. 63 c.

285. Vue du vieux port de Toulon, prise du côté du magasin aux vivres; 1756.

Haut. 1 m. 65 c. — Larg. 2 m. 63 c.

286. Vue de la ville et du port de Bordeaux, prise du côté des Salinières; 1758.

Haut. 1 m. 65 c. — Larg. 2 m. 63 c.

287. Vue de la ville et du port de Bordeaux, prise du côté du château Trompette; 1759.

Haut. 1 m. 65 c. — Larg. 2 m. 63 c.

288. Vue du port de Cette, en Languedoc, prise du côté de la mer, derrière la jetée isolée; 1761.

Haut. 1 m. 65 c. — Larg. 2 m. 63 c.

289. Vue de la ville et du port de Bayonne, prise de la mi-côte des Salinières; 1761.

Haut. 1 m. 65 c. — Larg. 2 m. 65 c.

290. Vue du port et de la ville de Bayonne, prise de l'allée de Boufflers, près de la porte de Mousserolle; 1761.

Haut. 1 m. 55 c. — Larg. 2 m. 63 c.

291. Vue du port de la Rochelle, prise de la petite rive; 1762.

Haut. 1 m. 65 c. — Larg. 1 m. 63 c.

292. Vue du port de Rochefort, prise du magasin des Colonies; 1762.

Haut. 1 m. 65 c. — *Larg.* 2 m. 63 c.

293. Vue de la ville et du port de Dieppe; 1765 (1).

Haut. 1 m. 65 c. — *Larg.* 2 m. 63 c.

294. Marine; effet de soleil couchant par un temps brumeux.

A gauche est une masse de rochers; sur le devant des pêcheurs mettent leur barque à flot.

Haut. 0 m. 69 c. — *Larg.* 1 m. 0 c.

295. Marine.

On voit sur le devant une chaloupe dans laquelle des hommes et des femmes cherchent à aborder le rivage. A gauche, des matelots se hasardent sur la pointe d'un rocher et vont leur porter du secours. Au milieu du tableau et sur un plan plus éloigné, on aperçoit un vaisseau brisé contre un écueil, sur lequel une partie de l'équipage est parvenue à se sauver; 1753.

Haut. 0 m. 98 c. — *Larg.* 1 m. 30 c.

296. Marine; effet de lune.

A gauche, un rempart à l'extrémité duquel s'élève un pavillon d'une construction élégante; sur le devant, un matelot et une femme viennent puiser de l'eau à une fontaine; près de là, un feu devant lequel un homme et une femme apprêtent leur repas; 1762.

Haut. 0 m. 83 c. — *Larg.* 1 m. 35 c.

297. Une tempête.

On aperçoit au milieu des flots les restes d'un bâtiment que les vagues ont brisé contre un rocher, et sur le devant

---

(1) Les quinze tableaux ci-dessus forment la collection des ports de France commandée par Louis XV, en 1753, à Joseph Vernet, qui exécuta ce travail en moins de douze ans.

Plusieurs de ces ouvrages sont placés dans le Musée Dauphin.

une barque à moitié submergée, dans laquelle des nau-
fragés cherchent leur salut ; à droite, des matelots secou-
rant une femme à demi nue et évanouie. Dans le lointain,
à gauche, un vaisseau battu par les vents cherche à gagner
la pleine mer. On voit du même côté la foudre éclater au
milieu des nuages ; 1762.

Haut. o m. 83 c. — Larg. 1 m. 35 c.

Pendant du tableau précédent.

298. Marine par un temps calme ; effet de soleil couchant.

On voit sur le devant des canons, des ballots de mar-
chandises, des hommes de diverses nations, et un paysan
conduisant deux bœufs ; à gauche, un portique qui s'a-
vance jusqu'au bord de la mer ; à droite, un phare et une
tour ; 1762.

Haut. o m. 83 c. — Larg. 1 m. 35 c.

299. Marine ; effet du matin.

Sur le devant, des hommes et des femmes sont occupés à recueillir le produit de leur pêche ; à gauche, dans
le lointain, on aperçoit une tour tombant en ruine et dont
le sommet est frappé d'un rayon de soleil ; 1762.

Haut. o m. 83 c. — Larg. 1 m. 35 c.

Pendant du tableau précédent.

300. Vue du pont et du château Saint-Ange.

Haut. o m. 40 c. — Larg. o m. 77 c.

301. Vue du *Ponte Rotto*, à Rome.

Haut. o m. 40 c. — Larg. o m. 77 c.

302. Marine.

A gauche est une maison de plaisance bâtie sur un rocher, au pied duquel on aperçoit quelques embarcation
Sur le devant, des hommes et des femmes sont occupés
la pêche, et deux matelots poussent leur barque à la mer.

Haut. o m. 43 c. — Larg. o m. 65 .

503. Paysage ; effet de clair de lune.

Une rivière coule entre deux rives hérissées de rochers. On voit sur le devant une femme et deux pêcheurs.

Haut. o m. 44 c. — Larg. o m. 61 c.

304. Marine ; effet de clair de lune.

Sur le devant, à droite, on voit un feu autour duquel sont réunis des hommes et des femmes. Au-dessus de ce groupe, et sur le second plan, s'élève un édifice. Plus loin, on aperçoit l'entrée d'un port.

Haut. o m. 99 c. — Larg. 1 m. 65 c.

305. Paysage.

Vue des environs de Rome.

Haut. 1 m. 01 c. — Larg. 1 m. 35 c.

Morceau d'étude.

VIEN (JOSEPH), *né à Montpellier en 1716, mort à Paris en 1809 ; élève de Giral et de Natoire.*

306. Saint Germain, évêque d'Auxerre, et saint Vincent, diacre de l'église de Sarragosse.

Un ange leur apporte la couronne céleste.

Haut. 2 m. 14 c. — Larg. 1 m. 64 c.

507. L'ermite endormi.

Haut. 2 m. 23 c. — Larg. 1 m. 47 c.

Une aventure particulière a fourni le sujet de ce tableau. En 1750, J. Vien, alors pensionnaire du roi de France à Rome, peignait un pied d'après nature. Un ermite lui servait de modèle ; tandis que le peintre travaillait, le cénobite prit son violon et bientôt s'endormit ; J. Vien le dessina dans cette attitude et en fit le tableau.

VIVIEN (JOSEPH) , *né à Lyon en 1657 , mort à Bonn en 1735 ; élève de Le Brun.*

508. Portrait de Fénélon.

Haut. 0 m. 80 c. — Larg. 0 m. 65 c.

VOUET (SIMON), *né à Paris en 1582, mort dans la même ville en 1641 ; élève de son père.*

509. La présentation de Jésus au temple.

Haut. 3 m. 92 c. — Larg. 2 m. 57 c.

510. La Vierge, l'Enfant-Jésus et saint Jean.

Haut. 1 m. 11 c. — Larg. 0 m. 95 c.

511. Le Christ au Tombeau.

Deux anges, accompagnés de la Vierge, de saint Jean et de la Madeleine, déposent le corps du Christ dans le tombeau.

Haut. 0 m. 55 c. — Larg. 0 m. 43 c.

512. La charité romaine.

Haut. 1 m. 32 c. — Larg. 1 m. 23 c.

513. Réunion d'artistes.

Celui qui tient un compas passe pour être Metezeau, architecte. On croit reconnaître Pierre Corneille dans le poète couronné de lauriers placé derrière Metezeau, et Simon Vouët lui-même dans le personnage qui tient un livre de dessins et tourne la tête vers le spectateur.

Haut. 1 m. 36 c. — Larg. 1 m. 95 c.

514. Portrait en pied de Louis XIII.

Ce prince est couronné de lauriers , couvert de son armure et décoré de l'ordre du Saint-Esprit. La France et la Navarre, qu'il gouverne, se mettent sous sa protection. On reconnaît ces deux états à leurs armes.

Haut. 1 m. 63 c. — *Larg.* 1 m. 54 c.

WATTEAU (ANTOINE), *né à Valenciennes en 1684, mort au village de Nogent, près Paris, en 1721 ; élève de Claude Gillot.*

315. L'embarquement pour l'île de Cythère.

Haut. 1 m. 30 c. — *Larg.* 1 m. 93 c.

ECOLES FLAMANDE,
ALLEMANDE ET HOLLANDAISE.

ALTORFER (*attribué à*).

516. Des chevaliers combattent contre des Turcs
dans les défilés de Lissa.

Haut. 1 m. 37 c. — Larg. 2 m. 66 c.

ASSELYN (Jean), *né à Anvers vers 1610, travailla
en Italie et mourut à Amsterdam en 1660 ; élève d'Isaac
Van Ostade.*

517. Vue du pont *Lamentano*, sur le Teverone,
près de Rome.

Une femme, montée sur un bœuf, conduit des animaux.

Haut. o m. 56 c. — Larg. o m. 56 c.

518. Vue du Tibre.

Des bestiaux le traversent à gué ; dans le lointain est
un pont défendu par une tour.

Haut. o m. 65 c. — Larg. o m. 88 c.

519. Paysage montueux arrosé par un fleuve.

Des voyageurs, avec leurs bagages , attendent la barque pour passer à l'autre bord.

Haut. o m. 72 c. — Larg. o m. 44 c.

520. Paysage.

Une ruine, au bas de laquelle est la hutte de deux pâtres
qui gardent des chèvres et des moutons.

Haut. o m. 58 c. — Larg. o m. 41 c.

Pendant du tableau précédent.

BACKUISEN (L*udolph* *ou* L*ouis*), *né à Embden en 1631, mort à Amsterdam en 1709 ; élève d'Everdingen.*

521. Escadre hollandaise.

Elle est composée de dix bâtimens de guerre sous voile et faisant route de conserve.

Haut. 1 m. 71 c. — *Larg.* 2 m. 85 c.

522. Le port d'Amsterdam.

Haut. 1 m. 27 c. — *Larg.* 2 m. 20 c.

523. Marine.

On voit sur le devant deux pêcheurs au pied d'un vieux arbre.

Haut. 0 m. 46 c. — *Larg.* 0 m. 65 c.

324. Marine.

A droite est un grand bâtiment ; on aperçoit à gauche plusieurs barques ; le ciel est nébuleux.

Haut. 0 m. 66 c. — *Larg.* 0 m. 80 c.

525. Une marine.

Haut. 0 m. 50 c. — *Larg.* 0 m. 68 c.

BEERSTRAATEN (J*ean*).

526. L'ancien port de Gênes.

Haut. 0 m. 94 c. — *Larg.* 1 m. 29 c.

BEGA (C*orneille* *ou* C*ornille*), *né à Harlem en 1620, mort de la peste dans la même ville en 1664 ; élève d'Adrien Van Ostade.*

527. Intérieur d'un ménage rustique.

Un homme et une femme sont assis près d'une table.

Haut. 0 m. 44 c. — *Larg.* 0 m. 39 c.

BEHAM ou **BOEHM** (Sebald), *peintre et graveur, né à Nuremberg, en 1500, vivait en 1548; élève de Barthe Beham, son oncle, et d'Albert Durer* (1).

528. Sujets tirés de l'histoire de David :

Haut. 1 m. 29 c. — *Larg.* 1 m. 31 c.

1°. David, vainqueur de Goliath.

Quand David revint de la guerre après avoir tué Goliath, les femmes sortirent de toutes les villes d'Israël au-devant du roi Saül, en chantant et en dansant ; elles se répondaient l'une à l'autre, et disaient : « Saül a tué mille Philistins, et David en a tué dix » mille. » Ces paroles mirent Saül dans une grande colère et lui déplurent étrangement. (*L. I. des Rois, Ch. XVIII.*)

2°. David et Bethsabée.

David, en se promenant, vit de son palais une femme vis-à-vis de lui, qui se baignait sur la terrasse de sa maison. Cette femme était fort belle et se nom-

---

(1) Les auteurs qui donnent à Beham le prénom de Jean avec celui de Sebald se fondent sur le monogramme que l'artiste mettait souvent au bas de ses ouvrages en peinture et en gravure, et qui se retrouve dans ce tableau sur le bas-côté d'un bureau servant d'appui à l'auteur, qui s'est représenté debout, un compas à la main.

Une inscription latine, écrite au-dessus de sa tête, apprend qu'il dédia, en 1534, cet ouvrage au prince Albert, fils de Jean IV, dit le Grand, électeur de Brandebourg. Ce prince naquit en 1490, fut chanoine de Mayence, archevêque de Magdebourg, évêque de Halberstadt, archevêque de Mayence. Le pape Léon X l'admit dans le sacré collége en 1518. Le prince Albert protégea les sciences et les arts, et mourut en 1545. Pour rendre son hommage plus solennel, Beham représenta le prince au milieu de ses principaux officiers civils et ecclésiastiques sur le plan perpendiculairement opposé à celui sur lequel il s'était placé lui-même.

La table, à partir des angles, est divisée en quatre portions par des lances dorées, décorées des couronnes et des armoiries qui servent à faire connaître les différentes principautés soumises alors au cardinal Albert. Ces lances aboutissent aux angles d'un plan carré inscrit parallèlement aux côtés de la table et ce plan lui-même est diagonalement partagé en quatre parties égales par les ailes de quatre sphinx dorés : ces sphinx soutiennent chacun un cartel où se trouve inscrit un distique latin.

mait Bethsabée, fille d'Eliam, femme d'Urie Hethéen, etc. (*L. II des Rois, Ch. XI.*)

5°. Mort d'Urie Hethéen.

Urie remet à Joab une lettre du roi David, qui
lui ordonne de mettre cet homme courageux à la tête
d'un bataillon où le combat sera le plus rude, et de
faire en sorte qu'il y périsse. Joab faisait le siége de
Rabba; il mit Urie vis-à-vis le lieu où il savait que
les plus vaillans ennemis étaient. Les assiégés font une
sortie, tuent quelques-uns des gens de David, et avec
eux Urie Hethéen, etc. (*L. II des Rois, Ch. XI.*)

4°. David et le prophète Nathan.

Le prophète Nathan vient trouver David par ordre du Seigneur, et lui dit : « Il y avait deux hom-
» mes dans une ville, l'un était riche et l'autre pauvre.
» Le riche avait un grand nombre de brebis et de
» bœufs, le pauvre n'avait qu'une petite brebis qu'il
» avait achetée, nourrie et qu'il chérissait comme sa
» fille. Un étranger étant venu voir le riche, celui-ci,
» pour ne point toucher à son troupeau, prit la bre-
» bis du pauvre et la donna à manger à son hôte. »
David entra dans une grande indignation, et dit à
Nathan : «Vive le Seigneur! celui qui a fait cette action
» est digne de mort, etc. » (*L. II des Rois, Ch. XII.*)

BERGEN (Thierry Van), *né à Harlem vers* 1640; *élève
d'Adrien Van den Velde.*

529. Marche d'animaux.

On distingue un taureau blanc qui traverse un ruisseau : plus loin un cheval effrayé s'enfuit au milieu d'un
troupeau de bœufs. de moutons et de chèvres.

Haut. o m. 60 c. — *Larg.* o m. 72 c.

550. Paysage.

On voit sur le devant un cheval blanc, deux vaches
dont l'une est couchée, et plus loin un mouton. Sur un
plan plus reculé, on aperçoit une paysanne assise.

Haut. o ᵐ. 26 c. — *Larg.* o m. 32 .

BERGHEM (Nicolas Klaas dit), *né à Harlem en 1624, mort dans la même ville en 1683 ; élève de Van Haerlem son père, de Van Goyon et de J. B. Weenix,*

331. Vue des côtes de Nice.

On aperçoit à gauche un village ; plus loin, des montagnes dont le sommet se perd dans les nuages ; à droite, un chemin sur lequel des paysans conduisent leurs troupeaux.

Haut. 0 m. 95 c. — Larg. 1 m. 58 c.

332. Paysage entrecoupé de masses d'arbres et de rochers.

Le chemin est couvert de bestiaux et de voyageurs, parmi lesquels est une paysanne à cheval ; une femme lui présente son enfant.

Haut. 1 m. 30 c. — Larg. 1 m. 95 c.

333. Paysage.

Des pâtres font traverser à leur troupeau le gué d'un fleuve qui parcourt une vaste campagne.

Haut. 0 m. 32 c. — Larg. 0 m. 40 c.

334. L'abreuvoir.

On y voit des bestiaux gardés par une femme debout, tenant une quenouille et un fuseau.

Haut. 0 m. 51 c. — Larg. 0 m. 62 c.

335. Le passage du bac.

Il est déjà rempli de bestiaux. Des bergers et une femme montée sur un mulet attendent leur tour pour y faire entrer leur troupeau.

Haut. 0 m. 50 c. — Larg. 0 m. 70 c.

336. Animaux conduits au pâturage.

Sur le devant du tableau, une paysanne à pied tient

dans ses bras un agneau ; une autre est montée sur un bœuf.

Haut. o m. 89 c. — Larg. 1 m. o c.

337. Paysage ; effet de soleil couchant.

Une jeune fille lave ses pieds dans un ruisseau où des vaches viennent se désaltérer.

Haut. o m. 51 c. — Larg. o m. 61 c.

338. Vue d'une vallée entrecoupée de bouquets d'arbres et couverte de troupeaux.

Sur le devant, un homme, dans le costume oriental, est assis près d'une femme richement vêtue, et paraît s'entretenir avec une paysanne.

Haut. 1 m. 67 c. — Larg. 1 m. 39 c.

339. Paysage.

On voit sur le devant deux femmes, dont l'une trait une chèvre.

Haut. o m. 65 c. — Larg. o m. 60 c.

340. Paysage.

Sur le devant, une femme à cheval ; plus loin, trois autres personnages ; un troupeau traversant un gué.

Haut. 1 m. 12 c. — Larg. 1 m. 40 c.

341. Paysage.

Sur le devant, une femme lave du linge ; près d'elle est un pâtre avec son troupeau ; plus loin, à gauche du spectateur, on aperçoit une chaumière.

Haut. o m. 24 c. — Larg. o m. 31 c.

BERKEYDEN (GUÉRARD), *né à Harlem en 1643, mort dans la même ville en 1693 ; son maître n'est pas connu.*

342. Vue de la colonne Trajane et de l'Église Sainte-Marie-de-Lorette, à Rome.

Haut. o m. 45 c. — Larg. o m. 52 .

BLOEMEN (Jean - Fr. Van), *dit l'Orrisonte,*
né à Anvers en 1656, mort à Rome vers 1740 ; on ignore
de qui il est élève.

343. Paysage orné de fabriques et de ruines.

Sur le devant, trois jeunes filles viennent puiser de
l'eau à une fontaine.

Haut. o m. 74 c. — Larg. o m. 98 c.

344. Paysage de même style que le précédent.

On voit sur le premier plan un homme assis et une
femme debout portant un paquet sur sa tête.

Haut. o m. 73 c. — Larg. o m. 99 c.

345. Paysage orné de fabriques.

Sur le devant, deux hommes et une femme causent
ensemble ; du côté opposé de la route, un pauvre assis leur
demande l'aumône.

Haut. o m. 99 c. — Larg. 1 m. 37 c.

BOL (Ferdinand), *né à Dordrecht vers 1620, mort en*
1681; *élève de Rembrandt.*

346. Un philosophe méditant dans son cabinet.

Il a devant lui, sur une table couverte d'un tapis, un
livre, une tête de mort, un instrument de musique, une
mappemonde, un casque et divers autres objets.

Haut. 1 m. 45 c. — Larg. 1 m. 37 c.

347. Des enfans traînés dans un char par des
chèvres.

Haut. 2 m. 11 c. — Larg. 2 m. 49 c.

348. Portrait d'un mathématicien.

Il tient en main un instrument de géométrie; 1658.

Haut. o m. 77 c. — Larg. o m. 63 c.

349. Portrait d'homme vêtu de noir, le bras gauche posé sur une balustrade; 1659.

Haut. 1 m. 18 c. — Larg. o m. 99 c.

BOTH (Jean), *dit* Both d'Italie, *né à Utrecht en 1610; élève d'Abraham Bloëmaert.*

Il ne faut pas le confondre avec André Both, son frère; ils travaillèrent toujours ensemble, et moururent la même année dans leur ville natale, en 1650.

350. Vue d'Italie au soleil couchant.

On remarque un cavalier et une femme sur un mulet conduit par un paysan.

Haut. 1 m. 56 c. — Larg. 2 m. 11 c.

Les figures sont d'André Both.

351. Vue d'un défilé entre des rochers escarpés.

Au milieu est un chemin creux que gravissent deux ânes chargés.

Haut. o m. 73 c. — Larg. o m. 60 c.

BOUDEWYNS (N.), *de Bruxelles.*

352. Port de mer.

On y voit un marché au poisson.

Haut. o m. 52 c. — Larg. o m. 81 c.

BRAUWER (Adrien), *né à Harlem en 1608, mort à Anvers en 1640; élève de François Hals.*

353. Intérieur d'une tabagie.

Haut. o m. 02 c. — Larg. o m. 28 c.

BRÉDA (François Van), *né à Anvers, vivait en 1750; élève de son père, Jean Van Bréda.*

354. Une halte militaire.

Haut. o m. 21 c. — Larg. o m. 25 c.

BRÉEMBERG (Bartholomé), *né à Utrecht en 1620, mort en 1660; son maître n'est pas connu.*

355. Le repos de la Sainte-Famille dans un paysage orné de fabriques.

Haut. o m. 27 c. — Larg. o m. 35 c.

Les figures sont de C. Poëlemburg.

356. Saint Jean prêchant dans le désert.

Haut. o m. 34 c. — Larg. o m. 41 c.

357. Le martyre de saint Etienne.

Haut. o m. 40 c. — Larg. o m. 52 c.

358. Ruines de l'ancienne Rome.

Une fontaine décore le milieu d'une vaste place, où l'on voit quelques figures et des animaux.

Haut. o m. 54 c. — Larg. o m. 74 c.

359. Ruines de l'ancienne Rome et marché d'animaux.

On voit sur le devant du tableau une femme qui allaite un enfant.

Haut. o m. 26 c. — Larg. o m. 34 c.

360. Vue des ruines de Rome.

Le peintre y a réuni la porte des jardins Farnèse, attribuée à Vignole. Sur le devant, à droite, une femme lave du linge à une fontaine ; à gauche est un troupeau de bœufs et de chèvres.

Haut. o m. 43 c. — Larg. o m. 56 c.

BREKELENKAMP (N.).

561. Un vieillard occupé à écrire.

Haut. o m. 11 c. — Larg. o m. 17 c.

BREUGHEL (Pierre), dit LE VIEUX, *né à Breughel, près Bréda, florissait en 1565. L'année de sa naissance et celle de sa mort ne sont pas connues; élève de Pierre Kœech Van Aelst et de Jérôme Kock de Bois-le-Duc.*

562. Un village de Flandre près d'un canal.

Sur le devant une femme vend du lait.

Haut. o m. 11 c. — Larg. o m. 17 c.

565. La danse de village.

Haut. o m. 11 c. — Larg. o m. 17 c.

Pendant du tableau précédent.

BREUGHEL (Jean), *dit* DE VELOURS, *né à Bruxelles vers 1589, mort à Anvers en 1642 ; élève de Goe-Kindt.*

564. Le paradis terrestre.

Le devant est orné d'une multitude d'animaux, de fruits et de fleurs de toutes espèces. On voit dans le lointain le Créateur qui s'entretient avec Adam et Ève

Haut. o m. 46 c. — Larg. o m. 67 c.

565. Uranie, accompagnée d'un enfant, tient en main le globe céleste.

Cette muse est entourée d'oiseaux qui jouent à ses pieds ou voltigent dans les airs.

Haut. o m. 45 c. — Larg. o m. 67 c.

Les figures sont de Van Baëlen.

566. Guirlande de fleurs sur les branches desquelles sont des oiseaux de différentes espèces.

Au milieu est un médaillon dont les figures sont peintes par Rubens. Il représente la Vierge couronnée par un ange, et tenant l'Enfant-Jésus sur ses genoux.

Haut. o m. 83 c. — Larg. o m. 65 c.

567. La bataille d'Arbelles.

Darius, vaincu par Alexandre, est forcé d'abandonner son char et de prendre la fuite. Sa famille est faite prisonnière.

Haut. o m. 86 c. — Larg. 1 m. 35 c.

568. Un pont sur une rivière.

Il est vu de face, et l'on y voit passer des voyageurs; à gauche est l'entrée d'une ville.

Diam. o m. 21 c.

569. Paysage avec figures et animaux.

Sur le devant un paysan conduit une charrette attelée d'un cheval blanc. Dans le fond on aperçoit une ville.

Haut. o m. 09 c. — Larg. o m. 12 c.

BRIL (PAUL), *né à Anvers en 1556, mort à Rome en 1626; élève de Daniel Wortelmans.*

570. Paysage.

Les figures sont d'Annibal Carrache, et représentent une chasse aux canards.

Haut. 1 m. 04 c. — Larg. 1 m. 47 c.

571. Paysage.

Sur le devant est une rivière que traverse un pont de branches d'arbres. On y voit passer Diane, suivie de quelques-unes de ses nymphes.

Haut. 1 m. 04 c. — Larg. 1 m. 47 c.

Pendant du tableau précédent.

572. Paysage.

On y remarque des pêcheurs conduisant une barque.

Haut. o m. 46 c. — Larg. o m. 71 c.

373. Paysage.

Le sujet rappelle la fable de Pan et Syrinx.

Haut. o m. 38 c. — Larg. o m. 60 c.

374. Paysage orné de ruines.

Sur le devant, des bergers conduisent deux troupeaux nombreux, l'un de chèvres, l'autre de moutons.

Haut. o m. 97 c. — Larg. o m. 44 c.

375. Paysage.

A droite on voit une rivière sur laquelle est une barque abordant le rivage.

Haut. o m. 13 c. — Larg. o m. 17 c.

376. Paysage.

On aperçoit à gauche une église, et à droite un moulin à vent ; sur le devant, plusieurs personnages à cheval et en chariot; près de là un pâtre conduisant un troupeau de bœufs.

Haut. o m. 13 c. — Larg. o m. 19 c.

CEULEN (Cor.-Janson Van).

377. Portrait d'un homme vêtu de noir.

Haut. 1 m. 10 c. — Larg. o m. 90 c.

CAMPAIGNE (Philippe de), *né à Bruxelles en 1602, mort à Paris en 1674; élève de Fouquières.*

578. Le repas chez Simon le Pharisien.

La Madeleine, prosternée devant Jésus-Christ, lui baise les pieds, après y avoir répandu des parfums.

Haut. 2 m. 92 c. — Larg. 3 m. 99 c.

579. La Cène.

Haut. 1 m. 58 c. — Larg. 2 m. 33 c.

380. Le Christ mort, étendu sur son linceul.
Haut. o m. 68 c. — Larg. 1 m. 97 c.

381. Apparition de saint Gervais et de saint Protais à saint Ambroise, archevêque de Milan.

Ils lui révèlent le lieu où leurs corps sont inhumés.
Haut. 3 m. 60 c. — Larg. 6 m 81 c.

382. Translation des corps de saint Gervais et de saint Protais dans la cathédrale de Milan.
Haut. 3 m. 60 c. — Larg. 6 m. 81 c.

383. L'apôtre saint Philippe.
Haut. 1 m. 17 c. — Larg. o m. 89 c.

384. Les Religieuses.

Portraits de la fille aînée de Philippe de Champaigne, et de la mère Catherine Agnès, religieuse à Port-Royal(1).
Haut. 1 m. 65 c. — Larg. 2 m. 29 c.

385. Paysage dont le site offre un désert.

Le peintre y a représenté Marie, nièce de saint Abraham, ermite, recevant dans sa cellule la visite d'un jeune solitaire.
Haut. 2 m. 20 c. — Larg. 3 m. 36 c.

386. Paysage.

Des malades se font transporter à la cellule de Marie pénitente, pour obtenir leur guérison par l'attouchement de ses habits.
Haut. 2 m. 20 c. — Larg. 3 m. 36 c.

Pendant et suite du tableau précédent.

---

(1) La fille aînée de Philippe de Champaigne, religieuse à Port-Royal, étant réduite à l'extrémité par l'effet d'une fièvre continue, et se voyant abandonnée des médecins, crut devoir le rétablissement de sa santé aux prières de l'une de ses compagnes, la mère Catherine Agnès.

Philippe de Champaigne exécuta cet ouvrage en 1662 pour conserver la mémoire de cet événement.

4

587. Portrait en pied de Louis XIII couronné par la victoire.

Haut. 2 m. 26 c. — Larg. 1 m. 76 c.

588. Portrait en pied du cardinal de Richelieu.

Haut. 2 m. 22 c. — Larg. 1 m. 55 c.

589. Portrait de Robert Arnaud-d'Andilly, cé-lèbre écrivain de Port-Royal, né en 1588, mort en 1674.

Haut. 0 m. 91 c. — Larg. 0 m. 72 c.

590. Portrait de Philippe de Champaigne, peint en 1668, à l'âge de 66 ans.

Il est vu de trois quarts, la main droite posée sur la poitrine, et tient de la gauche un rouleau de dessins. M. R.

Haut. 1 m. 19 c. — Larg. 0 m. 91 c.

591. Portrait d'homme vêtu de noir.

Il est assis devant une table couverte de livres.

Haut. 0 m. 88 c. — Larg. 0 m. 68 c.

592. Portrait en pied d'une jeune fille vêtue de blanc.

Elle tient sur son doigt un oiseau de proie.

Haut. 1 m. 23 c. — Larg. 0 m. 89 c.

593. Portrait d'une jeune fille ayant les mains jointes.

Haut. 0 m. 69 c. — Larg. 0 m. 56 c.

CONNING (N.).

594. Portrait en pied de Charles Ier, roi d'Angleterre.

Haut. o m. 34 c. — Larg. o m. 27 c.

Ce tableau, qui a toujours été attribué à N. Conning, sur lequel on n'a pas de particularités, et qu'il ne faut pas confondre avec Salomon Conning, porte les traces de la signature H. P.

CRAESBECKE (Joseph Van), *né à Bruxelles vers 1608; on-ignore l'année de sa mort; élève d'Adrien Brauwer.*

595. Craesbecke dans son atelier, faisant le portrait d'Adrien Brauwer, son maître et son ami.

Haut. o m. 85 c. — Larg. 1 m. 02 c.

596. Portrait en pied de Corneille Zaft Leeven à son chevalet.

Haut. o m. 31 c. — Larg. o m. 21 c.

CRANACH (Lucas Muller, *dit* Luc de), *né à Cranach, diocèse de Bamberg, en 1472, mort à Weimar en 1552.*

597. Le sacrifice d'Abraham.

Abraham, par ordre de Dieu, conduit son fils Isaac au haut de la montagne pour l'offrir en sacrifice.

Haut. o m. 41 c. — Larg. o m. 32 c.

L'artiste a réuni dans ce tableau, suivant l'usage de quelques peintres anciens, trois différentes actions du même sujet.

598. Portrait présumé celui de Jean-Frédéric le Magnanime, alors électeur de Saxe.

Haut. o m. 13 c. — Larg. o m. 14 c.

599. Portrait du prince Jean-Frédéric.

Haut. o m. 51 c. — Larg. o m. 37 c.

400. Portrait de Frédéric III, électeur de Saxe.

Haut. o m. 13 c. — Larg. o m. 12 c.

CRAYER (Gaspard de), *né à Anvers en 1582, mort en 1669; élève de Raphaël Coxcie.*

401. Adoration du Christ.

La Vierge, tenant dans ses bras l'Enfant-Jésus, reçoit l'hommage de plusieurs saints prosternés au pied de son trône: saint Augustin, évêque; saint Antoine, ermite; saint Etienne, martyr; sainte Barbe, sainte Monique et une autre sainte. Cette dernière présente à la Vierge et à son fils une corbeille de fleurs.

Haut. 3 m. 89 c. — Larg. 2 m. 73 c.

402. Composition mystique.

Revêtu de ses habits pontificaux, saint Augustin, frappé d'une lumière divine, est en extase. Des anges l'accompagnent et le soutiennent.

Haut. 2 m. 90 c. — Larg. 1 m. 95 c.

CUYP (Albert), *né à Dort, en 1606; élève de Jacques Guerritz Cuyp, son père.*

405. Un pâturage sur le bord d'un fleuve.

On y voit plusieurs vaches couchées; l'homme qui les garde est assis et joue du chalumeau.

Haut. 1 m. 71 c. — Larg. 2 m. 29 c.

404. Le départ pour la promenade.

Deux cavaliers se disposent à partir; un domestique présente l'étrier à son maître.

Haut. 1 m. 19 c. — Larg. 1 m. 52 c.

405. Le retour de la promenade.

Trois cavaliers sont suivis d'un domestique à pied, tenant une perdrix.

Haut. 1 m. 17 c. — Larg. 1 m. 82 c.

406. Une jeune fille donne à manger à une chèvre.

Haut. 1 m. 24 c. — Larg. 1 m. 09 c.

407. Un chasseur tenant une perdrix.

Haut. 0 m. 78 c. — Larg. 0 m. 65 c.

408. Marine.

La mer est agitée ; on voit éclater la foudre près d'un vaisseau battu par les flots.

Haut. 1 m. 08 c. — Larg. 1 m. 48 c.

DECKER (Jean), *imitateur de Jacques Ruysdaël.*

409. Paysage.

On aperçoit une chaumière située sur le bord de l'eau et abritée par plusieurs groupes d'arbres ; sur le devant, une femme qui lave du linge ; et plus loin, deux hommes qui pêchent à la ligne.

Haut. 0 m. 67 c. — Larg. 0 m. 80 c.

Les figures sont d'Adrien Van Ostade.

410. Paysage.

On y remarque une habitation rustique au bord d'une rivière, sur laquelle flotte un bateau chargé de quatre personnes.

Haut. 0 m. 52 c. — Larg. 0 m. 67 c.

Les figures sont de Fragonard père.

DELEN (Thierry Van), *né à Heusden, vivait en 1633, mort à Arminden, en Zélande, où il avait été élu bourgmestre ; élève de François Hals.*

411. La partie de ballon.

Les joueurs s'exercent dans la cour d'un palais. En avant, sur une espèce de terrasse, quelques personnages, richement habillés, prennent le plaisir de la promenade.

Haut. 0 m. 31 c. — Larg. 0 m. 54 c.

DENIS (Simon-Joseph-Alexandre-Clément), *né à Anvers le 13 avril 1755, mort à Naples le 1er janvier 1813.*

412. Paysage.

Vue d'Arpinum, où est né Cicéron.

Haut. 2 m. 12 c. — Larg. 1 m. 61 c.

DIEPENBEKE (Abraham Van), *né à Bois-le-Duc en 1607, mort à Anvers en 1675; élève de Rubens.*

413. Clélie passant le Tibre, et emmenant avec elle ses jeunes compagnes.

Haut. 1 m. 15 c. — Larg. 1 m. 45 c.

DOW (Gérard), *né à Leyde en 1613, mort dans la même ville en 1680; élève de Rembrandt.*

414. La femme hydropique.

Elle est assise dans un fauteuil; sa fille en pleurs est à ses genoux. Derrière le fauteuil de la femme hydropique, le médecin, debout, considère avec attention la liqueur contenue dans un flacon qu'il tient à la main. La scène est ornée de meubles, de tapis et autres accessoires d'un goût recherché.

Haut. 0 m. 86 c. — Larg. 0 m. 67 c.

414 bis. Une aiguière d'argent.

Haut. 0 m. 98 c. — Larg. 0 m. 81 c.

Ce tableau est peint sur le volet d'une boîte d'ébène qui servait à renfermer le tableau précédent.

415. L'épicière de village.

Elle est dans sa boutique, et tient en main des balances.

Haut. 0 m. 38 c. — Larg. 0 m. 28 c.

416. Le trompette.

Il est devant une fenêtre décorée d'un riche tapis. Dans le fond du tableau on aperçoit l'enfant prodigue à table avec des courtisanes.

Haut. o m. 38 c. — Larg. o m. 29 c.

417. La cuisinière hollandaise.

Haut. o m. 35 c. — Larg. o m. 27 c.

418. Une femme accrochant une volaille à sa croisée.

Haut. o m. 27 c. — Larg. o m. 20

419. Le peseur d'or.

Haut. o m. 27 c. — Larg. o m.

420. L'arracheur de dents.

Haut. o m. 31 c. — Larg. o m. 26 c.

421. Intérieur du ménage du père et de la mère de Gérard Dow.

La mère assise devant la croisée, et ayant près d'elle son rouet et une chaise sur laquelle est posé un plat de poisson, fait la lecture de la bible que le vieillard paraît écouter attentivement.

Haut. o m. 60 c. — Larg. o m. 46 c.

422. Portrait de Gérard Dow.

Il est vu de face et à mi-corps, tenant sa palette.

Haut. o m. 31 c. — Larg. o m. 21 c.

423. Une femme occupée à lire.

Haut. o m. 13 c. — Larg. o m. 09 c.

DUCHATEL (N.), *imitateur de Teniers.*

424. Portrait d'un cavalier.

Son cheval est tenu par un écuyer.

Haut. o m. 71 c. — Larg. o m. 54 c.

DYCK (Antoine Van), *né à Anvers en 1598 , mort à Londres en 1641 ; élève de Rubens.*

425. La Vierge et l'Enfant-Jésus recevant l'hommage d'une sainte et d'un roi.

Haut. 1 m. 17 c. — Larg. 1 m. 57 c.

426. *Ex voto.*

La Vierge et l'Enfant-Jésus reçoivent l'hommage du donateur et de sa femme qui les invoquent à genoux.

Haut. 2 m. 5o c. — Larg. 1 m. 91 c.

427. La femme adultère.

Haut. 1 m. 97 c. — Larg. 2 m. 31 c.

428. Le Christ mort, couché sur les genoux de la Vierge et pleuré par les anges.

Esquisse.   *Haut. o m. 33 c. — Larg. o m. 46 c.*

429. Saint Sébastien, percé d'une flèche qu'un ange retire de son côté.

Haut. 1 m. 97 c. — Larg. 1 m. 45 c.

430. Vénus, accompagnée de l'Amour, demande à Vulcain des armes pour Enée.

Haut. 2 m. 20 c. — Larg. 1 m. 45 c.

431. L'embarquement d'Enée après l'embrasement de Troie.

Haut. 1 m. 46 c. — Larg. 2 m. 27 c.

452. Mars et Vénus.

Haut. 1 m. 33 c. — Larg. 1 m. 09 c.

455. Portrait en pied de Charles Ier, roi d'Angleterre.

Il est descendu de cheval, et accompagné d'un écuyer et d'un page.

Haut. 2 m. 72 c. — Larg. 2 m. 12 c.

454. Portrait de François II, comte du Luc, de Vintimille, de Marseille, né en 1606, mort en 1667.

Il tient une orange.

Haut. 1 m. 06 c. — Larg. 0 m. 83 c.

455. Portrait de Charles Ier, duc de Bavière, né en 1617, mort en 1680, et celui de Robert, son frère, né en 1619, mort en 1682.

Haut. 1 m. 32 c. — Larg. 1 m. 51 c.

456. Portrait d'Isabelle-Claire-Eugénie, souveraine des Pays-Bas, fille de Philippe II, roi d'Espagne.

Haut. 1 m. 18 c. — Larg. 1 m. 02 c.

457. Portrait de François de Moncade, marquis d'Aytonne, gouverneur des Pays-Bas pour Philippe IV, roi d'Espagne.

Il est à cheval, en habit militaire, et tient le bâton de commandant.

Haut. 3 m. 07 c. — Larg. 2 m. 42 c.

458. Portrait d'homme vêtu de noir.

Sa main droite est posée sur le côté et la gauche sur la garde de son épée.

Haut. 1 m. 21 c. — Larg. 0 m. 98 c.

4*

439. Portrait d'homme vêtu de noir.

Il a le bras droit appuyé sur la base d'une colonne, son manteau est relevé sur le bras gauche.

Haut. 1 m. 16 c. — Larg. 0 m. 94 c.

440. Portrait d'homme en cheveux longs.

Il est vêtu de satin feuille-morte, et a la main gauche posée sur le côté.

Haut. 1 m. 26 c. — Larg. 1 m. 02 c.

441. Portrait d'homme.

Haut. 0 m. 62 c. — Larg. 0 m. 50 c.

442. Portrait de Van Dyck.

Haut. 0 m. 68 c. — Larg. 0 m. 58 c.

443. Portrait de François de Moncade.

Haut. 0 m. 68 c. — Larg. 0 m. 58 c.

444. Portraits en pied d'une dame et de sa fille.

Haut. 2 m. 04 c. — Larg. 1 m. 35 c.

445. Portraits en pied d'un homme et de sa fille.

Haut. 2 m. 04 c. — Larg. 1 m. 35 c.

Pendant du tableau précédent.

Ces trois derniers tableaux ont été quelquefois attribués au chevalier Lély.

DYCK (PHILIPPE VAN), *dit* LE PETIT VAN DYCK, *né à Amsterdam en 1680, mort en 1752 ; élève d'Arnold Boonen.*

446. Sara présentant Agar à Abraham.

Haut. 0 m. 50 c. — Larg. 0 m. 40 c.

147. Abraham renvoyant Agar et son fils Ismaël.

m. 50 c. — Larg. 0 m. 40 c.

EECKOUT (GERBRAND VAN DEN) , *né à Amsterdam en 1621, mort en 1773; élève de Rembrandt.*

448. Anne consacrant son fils au Seigneur.

Elle le présente au grand-prêtre Héli; Elcana, son mari, apporte les présens d'usage pour les offrir à l'Eternel.

Haut. o m. 17 c. — Larg. 1 m. 43 c.

ELSHEYMER (ADAM), *né à Francfort en 1574, mort à Rome en 1621; élève de Philippe Offenbach.*

449. La fuite en Egypte ; effet de clair de lune.

Haut. o m. 30 c. — Larg. o m. 43 c.

450. Le bon Samaritain panse les plaies du blessé qu'il a recueilli.

Haut. o m. 21 c. — Larg. o m. 26 c.

EVERDINGEN (ALBERT VAN), *né à Alkmaer en 1621, mort dans la même ville en 1675; élève de Roland Savary et de Pierre Molyn.*

451. Paysage.

Il représente un site montueux et sauvage, coupé par une rivière qui fait tourner un moulin; on y voit une ferme devant laquelle passent plusieurs voyageurs à cheval. Du même côté s'élève, au-dessus d'un roc, une église d'une construction gothique.

Haut. 1 m. 72 c. — Larg. 1 m. 20 c.

EYCK (JEAN VAN), *dit* JEAN DE BRUGES, *né a Maseyck vers 1370, mort à Bruges en 1441; inventeur de la peinture à l'huile.*

452. La Vierge couronnée par un ange.

Devant elle saint Joseph à genoux adore l'Enfant-Jésus.

Haut. o m. 50 c. — Larg. o m. 65 c.

453. Les noces de Cana.

Jésus bénit les vases que lui présentent les serviteurs à genoux, et l'eau est changée en vin.

Haut. o m. c. — Larg. 1 m. 27 c.

F. H. — 1633.

454. Portrait d'homme, vêtu de noir, avec une fraise.

Haut. o m. 80 c. — Larg. o m. 68 c.

FAES (PIERRE VAN DER), *dit* LE CHEVALIER LELY, *né à Soest, en Westphalie, en 1618, mort à Londres en 1680; élève de Grebber et imitateur de Van Dyck.*

455. Portrait d'homme.

Haut. o m. 10 c. — Larg. o m. 07 c.

FICTOOR ou VICTOOR (JEAN), *florissait en 1640.*

456. Bénédiction de Jacob.

Jacob, aidé de Rébecca, surprend à son père Isaac la bénédiction due, par droit d'aînesse, à son frère Esaü.

Haut. 1 m. 65 c. — Larg. 2 m. 03 c.

457. Une jeune fille à sa croisée.

Haut. o m. 93 c. — Larg. o m. 78 c.

FLEMAEL (BERTHOLET), *né à Liége en 1675; élève de Gérard Doufflert.*

458. La gloire céleste.

Haut. 2 m. 66 c. — Larg. 1 m. 77 c.

Esquisse d'un grand plafond des Carmes de la rue de Vaugirard.

FLINCK (Govaert), *né à Clèves en 1616, mort à Amsterdam en 1690 ; élève de Rembrandt.*

459. Un ange annonce aux bergers la naissance de Jésus-Christ.

Haut. 1 m. 59 c. — Larg. 1 m. 96 c.

460. Portrait d'une petite fille dans le costume de bergère.

Haut. 0 m. 71 c. — Larg. 0 m. 64 c.

FRANK (François) le jeune, *né à Anvers en 1580, mort dans la même ville en 1642 ; élève de son père, François Frank, dit le Vieux.*

461. Histoire d'Esther.

Haut. 0 m. 47 c. — Larg. 0 m. 62 c.

462. Le Christ entre les deux larrons.

Ce sujet, colorié, est entouré de huit autres sujets tirés de la passion, et peints en grisaille ; aux coins du tableau sont les quatre évangélistes peints de la même manière.

Haut. 0 m. 64 c. — Larg. 0 m. 48 c.

463. L'histoire de l'enfant prodigue, en neuf sujets réunis dans un seul cadre.

Celui du milieu seul est colorié, et représente le départ de l'enfant prodigue de la maison paternelle. Les huit autres, de plus petite dimension, sont peints en grisaille.

Haut. 0 m. 63 c. — Larg. 0 m. 88 c.

FYT (Jean), *né à Anvers, florissait vers 1652.*

464. Fruits et gibier.

On distingue une corbeille de raisin, un lièvre, des

perdrix, bouvreuils, bécasses, et autres pièces de gibier placées sur une table couverte d'un tapis vert.

Haut. o m. 99 c. — Larg. 1 m. 41 c.

465. Oiseaux, lièvre et gibier de toute espèce serrés dans une office.

Haut. 1 m. 38 c. — Larg. 1 m. 76 c.

GLAUBER (JEAN) *dit* POLIDOR, *né à Utrecht en 1646, mort à Amsterdam en 1726; élève de Berghem.*

466. Paysage.

Il représente un riche vallon coupé de rochers et de masses d'arbres d'un aspect varié. On voit dans le lointain une fête en l'honneur du dieu Pan, et, sur le devant, des bergers et des bergères gardant leurs troupeaux.

Haut. 1 m. 92 c. — Larg. 2 m. 46 c.

Les figures sont de Gérard de Lairesse.

GOYEN (JEAN VAN), *né à Leyde en 1596, mort à La Haye en 1656; élève de Wilhem Gerrits.*

467. Vue d'un village sur le bord d'un canal.

On voit sur la rivière un bateau à voiles, et des bestiaux que l'on passe dans un bac.

Haut. 1 m. 13 c. — Larg. 1 m. 54 c.

GRIFF (N.), *élève de François Sneyders.*

468. Lièvres, perdrix et autres pièces de gibier accrochés à une branche d'arbre.

On y voit sur un plan plus éloigné un chasseur donnant du cor.

Haut. o m. 21 c. — Larg. o m. 29 c.

HAGEN (VAN DER), *né à La Haye, vivait en 1660; on ignore l'année de sa naissance et celle de sa mort.*

469. Paysage.

Sur le devant, des animaux paissent dans une prairie;

à droite est un chemin bordé d'arbres , sur lequel on aperçoit un homme à cheval et trois autres personnages.

Haut. o m. 62 c. — Larg. o m. 76 c.

470. Paysage.

On aperçoit sur le devant deux hommes dont un est assis; plus loin, un homme et une femme conduisent des ânes chargés.

Haut. o m. 24 c. — Larg. o m. 32 c.

HALS (François), *né à Malines en 1584, mort en 1666; élève de Charles Van Mander.*

471. Portrait de René Descartes.

Haut. o m. 76 c. — Larg. o m. 68 c.

HEEM (Jean David de), *né à Malines en 1584, mort à Anvers en 1674; élève de son père, David de Heem.*

472. Tableau de fruits.

Sur une table couverte d'un tapis vert orné d'une frange d'or, sont placés une grappe de raisin, un plat de fraises. une huître ouverte, un citron, etc.

Haut. o m. 59 c. — Larg. o m. 43 c.

473. Fruits et diverses pièces de dessert posés sur une table.

Haut. 1 m. 49 c. — Larg. 2 m. 03 c.

HELST (Bartolomé Van der), *né à Harlem en 1613, mort à Amsterdam dans un âge très-avancé; son maître n'est pas connu.*

474. Bourgmestres distribuant le prix de l'arc.

Haut. o m. 50 c. — Larg. o m. 67 c.

475. Portrait d'homme vêtu de noir.

Il a la main gauche sur la poitrine, la droite appuyée sur le côté.

Haut. 1 m. 0 c. — Larg. 0 m. 79 c.

476. Portrait de femme.

Elle tient des deux mains son éventail.

Haut. 1 m. 0 c. — Larg. 0 m. 79 c.

Pendant du tableau précédent.

HEMMELINCK, *né à Damme, près de Bruges, travaillait en 1479; son maître n'est pas connu.*

477. Instruction pastorale.

Haut. 0 m. 95 c.   Larg. 0 m. 69 c.

HEMMESSEN (JEAN DE), *né à Anvers, florissait en 1550.*

478. Le jeune Tobie, accompagné de l'ange, rend la vue à son père.

Haut. 1 m. 40 c. — Larg. 1 m. 72 c.

HEUS (GUILLAUME DE), *né à Utrecht en 1638, mort fort âgé dans la même ville; élève de Jean Both.*

479. Paysage ; effet de soleil.

Sur le devant, deux pâtres conduisent leurs bestiaux.

Haut. 0 m. 35 c. — Larg. 0 m. 45 c.

HEYDEN (JEAN VAN DER), *né à Gorcum en 1637, mort à Amsterdam en 1712 ; n'eut pour maître qu'un peintre sur verre peu connu.*

480. Vue de la maison de ville d'Amsterdam,

avec une partie de la place et des édifices qui l'environnent.

Haut. o m. 74 c. — Larg. o m. 86 c.

Les figures de ce tableau et des deux suivans sont d'Adrien Van den Velde.

481. Église et place d'une ville de Hollande.

Haut. o m. 42 c. — Larg. o m. 56 c.

482. Vue d'un village situé sur le bord d'un canal.

Haut. o m. 44 c. — Larg. o m. 55 c.

Les barques sont de Guillaume Van den Velde.

HOLBEIN (JEAN), *né à Bâle en 1498, mort à Londres en 1554 ; élève de son père, Jean Holbein.*

483. L'adoration des Mages.

Haut. 1 m. 25 c. — Larg. o m. 71 c.

1° Les apprêts de la sépulture.

Jésus est soutenu par la Vierge, saint Jean et les saintes femmes.

Haut. 1 m. 51 c. — Larg. 2 m. 10 c.

484 2° Saint François recevant les stigmates.

Haut. o m. 78 c. — Larg. 1 m. 51 c.

3° Le Christ faisant la cène avec ses disciples.

Haut. o m. 22 c. — Larg. 2 m. 10 c.

Ces trois ouvrages sont renfermés dans un seul cadre.

485. Portrait de Thomas Morus, grand chancelier d'Angleterre.

Haut. o m. 39 c. — Larg. o m. 31 c.

486. Portrait de l'archevêque de Cantorbéry, peint en 1528, à l'âge de 70 ans.

Haut. o m. 82 c. — Larg. o m. 66 c.

487. Portrait de Nicolas Kratzer, astronome du roi d'Angleterre Henri VIII.

Haut. o m. 83 c. — Larg. o m. 67 c.

488. Portrait d'Erasme, ami de Jean Holbein.

Il écrit et est vu de profil.

Haut. o m. 43 c. — Larg. o m. 32 c.

489. Portrait de femme vêtue d'une robe et d'un corset rouges, ornés de broderies en or.

Haut. o m. 65 c. — Larg. o m. 48 c.

490. Portrait d'homme avec une toque, les mains croisées.

Haut. o m. 47 c. — Larg. o m. 38 c.

491. Portrait d'homme portant barbe.

Haut. o m. 63 c. — Larg. o m. 53 c.

492. Tête d'homme avec un chapeau noir.

Haut. o m. 36 c. — Larg. o m. 28 c.

HONDEKOETER (MELCHIOR), *né à Utrecht en 1636, mort à Amsterdam en 1695; élève de son père Gisbrecht Hondekoeter.*

493. Deux paons, deux faisans, un perroquet, un singe dérobant des fruits.

Haut. 1 m. 32 c. — Larg. 1 m. 63 c.

HONTHORST (Gérard), *né à Utrecht en 1592, vivait encore en 1662; élève d'Abraham Bloemaert, n'est connu en Italie, où il a beaucoup travaillé, que sous le nom de* Gerhardo della Notte.

494. Le Christ devant Pilate.

Pilate voyant que le peuple demandait à grands cris que Jésus fût crucifié, se fit apporter de l'eau, et se lavant les mains, dit : « Je suis innocent du sang de ce » juste, ce sera à vous à en répondre. »

St.-Math. Chap. 27.

Haut. 1 m. 53 c. — *Larg.* 2 m. 04 c.

495. Saint Pierre renie Jésus-Christ.

Haut. 1 m. 50 c. — *Larg.* 1 m. 27 c.

496. Un concert (*Voir le n°.* 328).

Haut. 1 m. 68 c. — *Larg.* 1 m. 78 c.

497. Le triomphe de Silène.

Haut. 2 m. 08 c. — *Larg.* 2 m. 76 c.

498. Portrait du prince Charles-Louis, électeur palatin du Rhin, peint en 1640.

Haut. 0 m. 73 c. — *Larg.* 0 m. 60 c.

499. Portrait du prince Louis.

Haut. 0 m. 73 c. — *Larg.* 0 m. 60 c.

Pendant du tableau précédent.

HOOCH (Pierre de), *né en 1643. Le lieu de sa naissance et l'année de sa mort ne sont pas connus ; élève de Berghem.*

500. Intérieur d'une maison hollandaise.

Des femmes viennent de la laver, suivant l'usage du pays.

Haut. 0 m. 60 c. — *Larg.* 0 m. 44 c.

501. Intérieur d'une chambre richement meublée.

Une femme joue aux cartes et montre son jeu à un militaire placé derrière elle; dans le fond, sont deux autres personnages causant ensemble, et un jeune domestique.

Haut. o m. 67 c. — *Larg.* o m. 77 c.

HUNTER (N.).

502. Combat de cavalerie.

Haut. o m. 32 c. — *Larg.* o m. 46 c.

HUYSMANS (Cornille), *surnommé* Huysmans de Malines, *né à Anvers en* 1648, *mort en* 1727; *élève de Jacques Van Artois.*

503. Paysage.

On voit sur le premier plan plusieurs figures, parmi lesquelles est une femme vendant des fruits; près d'elle un pâtre assis garde son troupeau.

Haut. 1 m. 61 c. — *Larg.* 2 m. 31 c.

504. Paysage.

Parmi les figures qui se trouvent sur le devant, on remarque des hommes qui scient et fendent du bois; plus loin, on aperçoit un troupeau de moutons et une charrette attelée d'un cheval.

Haut. 1 m. 61 c. — *Larg.* 2 m. 31 c.

HUYSUM (Jean Van), *né à Amsterdam en* 1682, *mort dans la même ville en* 1749; *élève de son père Juste Van Huysum.*

505. Paysage.

On voit sur le premier plan des jeunes filles cueillant des fleurs pour orner un tombeau.

Haut. o m. 54 c. — *Larg.* o m. 65 c.

506. Paysage.

On aperçoit les ruines d'un monument abrité par un groupe d'arbres.

Haut. o m. 23 c. — *Larg.* o m. 28 c.

507. Paysage.

On voit sur le devant une rivière et des hommes qui se baignent.

Haut. o m. 23 c. — Larg. o m. 28 c.

Pendant du tableau précédent.

508. Paysage avec figures.

Sur le devant une femme tient un enfant par la main et porte un paquet sur sa tête.

Haut o m. o8 c. — Larg. o m. 11 c.

509. Corbeille de fleurs posée sur une table de marbre.

Elle contient des roses de différentes espèces, des pieds-d'alouette et des anémones.

Haut. o m. 53 c. — Larg. o m. 41 c.

510. Tableau de fleurs.

Ce tableau se compose de tulipes, narcisses, jacinthes, oreilles-d'ours; dans une corbeille posée sur une table de marbre.

Haut. o m. 63 c. — Larg. o m. 53 c.

511. Fruits et fleurs.

Des pêches, du raisin blanc et violet, des prunes, du melon et des framboises, sont groupés avec quelques fleurs sur une table de marbre.

Haut. o m. 63 c. — Larg. o m. 53 c.

Pendant du tableau précédent.

512. Fleurs et fruits.

On remarque dans ce tableau des raisins, des pêches, des prunes, des framboises, un melon ouvert, un pavot et d'autres fleurs; dans le fond un vase orné d'un bas-relief où sont représentés des jeux d'enfans.

Haut. o m. 8o c. — Larg. o m. 61 c.

513. Tableau de fleurs.

On y voit des roses de différentes espèces, pavots, tubéreuses et anémones, dans un vase orné d'un bas-relief représentant des jeux d'enfans.

Haut. o m. 80 c. — *Larg.* o m. 61 c.

Pendant du tableau précédent.

514. Un grand vase orné de bas-reliefs, et rempli de toutes sortes de fleurs.

Il est posé sur un piédestal de marbre; au pied du vase est un nid d'oiseau avec les œufs.

Haut. 1 m. 38 c. — *Larg.* 1 m. 08 c.

INCONNU.

515. Tête de Christ.

Haut. o m. 38 c. — *Larg.* o m. 09 c.

516. Tête de Vierge.

Haut. o m. 38 c. — *Larg.* o m. 29 c.

517. Portrait de Rabelais.

Haut. o m. 28 c. — *Larg.* o m. 25 c.

518. Portrait d'homme vêtu de noir, la main droite sur le côté.

Haut. 1 m. 11 c. — *Larg.* o m. 92 c.

519. Portrait de femme vêtue de rouge.

Haut. 1 m. 07 c. — *Larg.* o m. 84 c.

JORDAENS (JACQUES), *né à Anvers en* 1594, *mort dans la même ville en* 1678; *élève d'Adam Van Oort et de Rubens.*

520. Jésus chassant les vendeurs du temple.

Haut. 2 m. 88 c. — *Larg.* 4 m. 36 c.

521. Le jugement dernier.

Haut. 3 m. 91 c. — *Larg.* 3 m. 30 c.

522. Les quatre évangélistes.

Haut. 1 m. 34 c. — Larg. 1 m. 18 c.

523. Un satyre, un enfant, et une femme qui trait une chèvre.

Haut. 1 m. 50 c. — Larg. 2 m. 03 c.

524. Le roi boit.

Haut. 1 m. 52 c. — Larg. 2 m. 04 c.

Composition de dix demi-figures.

525. Concert de famille.

Haut. 1 m. 54 c. — Larg. 2 m. 08 c.

Composition de huit demi-figures.

526. Portrait de l'amiral Ruyter.

Haut. 0 m. 94 c. — Larg. 0 m. 73 c.

JUSTE, *peintre allemand, vivait en 1451.*

Il a exécuté à Génes plusieurs peintures. Il était connu dans cette ville sous le nom de GIUSTO DI ALE-BIAGNA.

1°. L'annonciation.

Dans une galerie ouverte, d'où on aperçoit la ville de Nazareth, la Vierge, à genoux sur un prie-Dieu, reçoit avec trouble l'envoyé du ciel et l'annonce de son message.

Haut. 1 m. 65 c. — Larg. 1 m. 07 c.

527

2°. Saint Benoît et un saint évêque.

Haut. 1 m. 04 c. — Larg. 0 m. 52 c.

3°. Le saint diacre Etienne et saint Ange, religieux carme, tous deux martyrs.

Haut. 1 m. 04 c. — Larg. 0 m. 52 c.

Ces trois ouvrages sont réunis dans le même cadre.

KALF (Guillaume), *né à Amsterdam vers* 1630, *mort dans la même ville en* 1693; *élève de Henri Pot.*

528. Intérieur d'une cuisine.

On y voit entassés des légumes et divers ustensiles ; on aperçoit une servante sur les marches d'un escalier, et dans le fond un homme et une femme près d'une cheminée.

Haut. o m. 40 c. — Larg. o m. 52 c.

KAREL DUJARDIN, *né à Amsterdam en* 1635, *mort à Venise en* 1678; *élève de Berghem.*

529. Jésus crucifié entre les deux larrons.

Les saintes femmes soutiennent la Vierge évanouie.

Haut. o m. 97 c. — Larg. o m. 84 c.

530. Le bocage.

Le site est entrecoupé d'arbres, de rochers et de chutes d'eau. On voit sur le devant un âne, deux vaches et des moutons.

Haut. o m. 54 c. — Larg. o m. 45 c.

531. Le pâturage.

Il est ombragé par de grands arbres, sous lesquels on voit des moutons, une vache et deux poulains. Plus loin, un berger joue avec son chien.

Haut. o m. 51 c. — Larg. o m. 46 c.

532. Le gué.

On voit à gauche, sur la hauteur, une chapelle ; sur le devant est une rivière que traversent des bestiaux.

Haut. o m. 23 c. — Larg. o m. 30 c.

533. Paysage.

Une fileuse, devant une chaumière, garde un bœuf

un mouton et une chèvre. Près d'elle un enfant reçoit
l'aumône d'un voyageur.

Haut. o m. 65 c. — Larg. o m. 58 c.

554. Charlatans montés sur des tréteaux et dé-
bitant leurs drogues.

Haut. o m. 44 c. — Larg. o m. 52 c.

555. Paysage avec figures et animaux; effet de
soleil.

Une femme, montée sur une charrette attelée d'un
cheval blanc, traverse un gué. Un homme le passe à
pied, tenant dans ses bras une jeune paysanne.

Haut. o m. 91 c. — Larg. 1 m. 21 c.

556. Paysage.

On voit sur le devant un cheval pie, gardé par deux
jeunes garçons, dont l'un est assis.

Haut. o m. 32 c. — Larg.   m. 26 c.

557. Portrait d'homme.

Haut. o m. 22 c. — Larg. o m. 19 c.

On présume que ce portrait, qui porte la date de 1657, est celui de
Karel Dujardin.

KESSEL (Jean Van), *né à Anvers en 1626, mort
dans la même ville, on ne sait pas en quelle année;
imitateur de Breughel de Velours.*

558. Guirlande de fleurs et de fruits.

Elle sert d'ornement à un cartouche, au bas duquel
sont réunis des poissons et des oiseaux. Au milieu se
trouve un médaillon de la main de Téniers; il représente
deux jeunes gens dont l'un souffle des bulles de savon.

Haut. o m. 68 c. — Larg. o m. 51 c.

559. Une guirlande de fleurs.

Au milieu est un médaillon peint par Franck le jeune;

5

il représente la Vierge, l'Enfant-Jésus, un ange et saint Joseph.

Haut. o m. 74 c. — Larg. o m. 53 c.

LAAR (Pierre Van), *dit* le Bamboche, *né à Laaran, travailla en Italie, et mourut à Harlem en 1675 ; son maître n'est pas connu.*

540. Le départ de l'hôtellerie.

Haut. o m. 32 c. — Larg. o m. 42 c.

541. Un pâtre jouant du chalumeau près d'une femme qui trait une chèvre.

Haut. o m. 32 c. — Larg. o m. 42 c.

Pendant du tableau précédent.

LAIRESSE (Gérard de), *né à Liége en 1640, mort à Amsterdam en 1711 ; élève de son père, Renier de Lairesse.*

542. L'institution de l'eucharistie.

Haut. 1 m. 39 c. — Larg 1 m. 63 c.

543. Bacchante et six enfans dansant en rond.

Haut. o m. 57 c. — Larg. o m. 76 c.

544. Hercule jeune entre le vice et la vertu.

Haut. 1 m. 13 c. — Larg. 1 m. 84 c.

545. Le débarquement de Cléopâtre au port de Tarse.

Elle est reçue par Antoine et suivie par un nombreux cortége.

Haut. o m. 60 c. — Larg. o m. 67 c.

LAURENTIUS.

546. Sujet mystique.

Haut. 2 m. 02 c. — Larg. 44 m.

LEDUC (Jean), *né à La Haye en 1636, mort dans la
même ville en 1671 ; élève de Paul Potter.*

547. L'intérieur d'un corps-de-garde.

A gauche, sur le devant, des soldats fument et
jouent aux cartes. Du côté opposé, un officier paraît
courtiser une femme mise élégamment ; elle est assise et
tient dans sa main un collier de perles ; on voit à ses
pieds une grande quantité de bijoux de toute espèce.

Haut. o m. 55 c. — Larg. o m. 84 c.

548. Scène de brigands.

Une femme, que des voleurs viennent d'arrêter, se met
à genoux devant eux et leur demande grâce.

Haut. o m. 37 c. — Larg. o m. 5o c.

LIEVENS (Jean), *né à Leyde en 1697 ; on ne sait pas
en quelle année ni en quel lieu il est mort ; élève de
Pierre Lastman.*

549. La Vierge visitant sainte Elisabeth.

Haut. 2 m. 8o c. — Larg. 1 m. 98 c.

LIMBORCH (Henry Van), *élève d'Adrien Van der
Werf.*

550. Le repos de la Sainte-Famille.

Elle est arrêtée à la porte d'un palais, dont le maître,
richement vêtu, adresse la parole à la sainte Vierge.
Cette dernière figure paraît être un portrait.

Haut. o m. 72 c. — Larg. o m. 55 c.

551. Les plaisirs de l'âge d'or.

Les deux principaux personnages paraissent être des
portraits. Ils sont entourés de femmes et d'enfans qui se
livrent à toutes sortes de jeux.

Haut. o m. 63 c. — Larg. o m. 38 c.

LINGELBACK (Jean), *né à Francfort-sur-le-Mein en 1625, mort à Amsterdam en 1687; on ignore le nom de son maître.*

332. Un marché aux herbes.

Le fond est orné de monumens de sculpture et d'architecture.

Haut. 0 m. 69 c. — Larg. 0 m. 87 c.

333. Port de mer.

On y remarque un grand nombre de personnages, dont quelques-uns ont le costume grec moderne. Sur le devant, sont une dame et un cavalier suivis d'un jeune homme qui tient au-dessus de leur tête un parasol.

Haut. 0 m. 69 c. — Larg. 0 m. 83 c.

334. Paysans buvant à la porte d'une hôtellerie.

Haut. 0 m. 36 c. — Larg. 0 m. 47 c.

335. Paysage.

Sur le devant, un homme à cheval tient un panier.

Haut. 0 m. 69 c. — Larg. 0 m. 61 c.

Le paysage est peint par Wynants.

LUCAS DE LEYDE (Lucas Dammesz *dit*), *né à Leyde en 1494, mort dans la même ville en 1533; fils et élève de Hugues Jacobs.*

336. Descente de croix.

Haut. 2 m. 31 c. — Larg. m. 18 c.

Composition de neuf figures.

337. La salutation angélique.

Haut 0 m. 80 c. — Larg. 0 m. 92 c.

558. La Sainte-Famille.

Haut. o m. 45 c. — Larg. o m. 32 c.

MAES (VAN).

559. Intérieur d'un corps-de-garde.

Des soldats jouent aux dés sur un tambour.

Haut. o m. 51 c. — Larg. o m. 77 c

MEEL ou **MIEL** (JEAN), *né en* 1599, *mort à Turin en* 1644; *élève de Guérard Seghers et d'André Sacchi.*

560. Le mendiant.

Un pauvre demande l'aumône à des paysans qui prennent un repas à la porte de leur chaumière.

Haut. o m. 15 c. — Larg. o m. 25 o.

561. Le barbier napolitain.

Haut. o m. 15 c. — Larg. o m. 25 c.

Pendant du tableau précédent.

562. Paysage avec figures et animaux.

Une femme assise garde son troupeau; près d'elle un jeune pâtre joue avec son chien.

Diam. o m. 54 c.

563. Halte militaire.

Haut. o m. 39 c. — Larg. o m. 51 c.

564. La dînée des voyageurs.

Haut. o m. 39 c. — Larg. o m. 51 c.

Pendant du tableau précédent.

565. Entrée d'auberge.

Un homme vêtu de rouge, assis sur un banc, et tenant une pipe, parle à une femme qui est debout. Près d'eux est un chien.

Haut. o m. 69 c. — Larg. o m. 66 c.

METSYS (QUINTIN), *dit* LE MARÉCHAL D'ANVERS, *né à Anvers vers 1450, mort dans la même ville en 1529.*

566. Un joaillier pesant des pièces d'or.

Près de lui est sa femme qui feuillette un livre orné de miniatures.

Haut. 1 m. 71 c. — Larg. o m. 68 c.

METZU (GABRIEL), *né à Leyde en 1615, mort à Amsterdam vers 1658; imitateur de Gérard Dow et de Terburg.*

567. La femme adultère.

Haut. 1 m. 35 c. — Larg. 1 m. 64 c.

568. Le marché aux herbes d'Amsterdam.

Haut. o m. 97 c. — Larg. o m. 84 c.

569. Un militaire fait présenter des rafraîchissemens à une dame.

Haut. o m. 63 c. — Larg. o m. 47 c.

570. Une femme à son clavecin.

Derrière son fauteuil, un homme, debout, tient d'une main son chapeau, et de l'autre indique le livre de musique.

Haut. o m. 31 c. — Larg. o m. 25 c.

571. Le chimiste.

Il lit près d'une fenêtre dont l'extérieur est orné d'une vigne.

Haut. o m. 27 c. — Larg. o m. 24 c.

572. Une femme assise tient un pot de bière et un verre.

Haut. o m. 28 c. — Larg. o m. 26 c.

573. Une cuisinière pelant des pommes.

Haut. o m. 28 c. — Larg. o m. 26 c.

574. Portrait de l'amiral Tromp, vu à mi-corps.

Il a le chapeau sur la tête et une canne à la main.

Haut. o m. 93 c. — Larg. o m. 76 c.

MEULEN (Antoine-François Van der), *né à Bruxelles en* 1634, *mort à Paris, en* 1696 ; *élève de Pierre Snayers.*

575. Entrée de Louis XIV dans une ville conquise.

La reine, dans son carrosse, reçoit l'hommage des magistrats.

Haut. o m. 63 c. — Larg. o m. 78 c.

576. Vue de la ville de Luxembourg.

Haut. 2 m. 22 c. — Larg. 4 m. 00 c.

Les figures et les chevaux sont de Van der Meulen. Le paysage est de Corneille Huysmans, surnommé *Huysmans de Malines.*

577. Entrée de Louis XIV à Arras.

Le roi est à cheval et la reine dans un carrosse attelé de six chevaux blancs.

Haut. 2 m. 32 c. — Larg. 3 m. 31 c.

578. Siége d'Oudenarde par Louis XIV.

On voit sur le devant le feu de deux batteries.

Haut. 3 m. 31 c. — Larg. 2 m. 13 c.

579. Siége de Douai par Louis XIV.

Sur le devant, des hommes essaient de relever un cheval tombé sous sa charge.

Haut. 2 m. 20 c. — Larg. 3 m. 28 c.

580. Défaite de l'armée espagnole près du canal de Bruges, sous la conduite de Marsin, par les troupes du roi Louis XIV, en l'année 1667 (1).

Haut. 3 m. 58 c. — Larg. 5 m. 89 c.

581. Siége de Maëstricht par Louis XIV.

Le roi est monté sur un cheval blanc.

Haut. 2 m. 31 c. — Larg. 3 m. 32 c.

582. Entrée de Louis XIV à Dinan.

Haut. 2 m. 33 c. — Larg. 3 m. 31 c.

Le paysage est peint par Huysmans de Malines.

583. Vue du château et des environs de Fontainebleau.

Louis XIV y fait la chasse au cerf.

Haut. 1 m. 90 c. — Larg. 3 m. 35 c.

584. Louis XIV, aux approches d'une ville dont il fait le siége, donne des ordres à ses généraux.

Haut. 0 m. 50 c. — Larg. 0 m. 80 c.

585. Marche d'armée.

Haut. 0 m. 19 c. — Larg. 0 m. 27 c.

586. Halte de cavaliers.

Haut. 0 m. 19 c. — Larg. 0 m. 27 c.

Pendant du tableau précédent.

---

(1) Ce tableau a été gravé sous le nom de Le Brun dans le recueil de Tapisseries du Roi.

587. Bataille au passage d'un pont.

Esquisse.   *Haut. o m. 23 c. — Larg. o m. 33 c.*

588. Bataille.

Esquisse.   *Haut. o m. 23 c. — Larg. o m. 33 c.*

589. Défaite de l'armée espagnole près du canal de Bruges, sous la conduite de Marsin,
par les troupes du roi Louis XIV, en l'année
1667.

Esquisse du tableau n° 580.   *Haut. o m. 5o c. — Larg. o m. 8o c.*

MIERIS (François Van) le père, *né à Delft en 1635,
mort à Leyde en 1681; élève de Gérard Dow.*

590. Une femme à sa toilette, servie par une
négresse.

Haut. o m. 27 c. — Larg. o m. 22 c.

591. Deux dames, vêtues de satin, prennent le
thé dans un salon orné de statues.

Haut. o m. 42 c. — Larg. o m. 34 c.

592. Intérieur d'un ménage.

Une femme allaite un enfant.

Haut. o m. 41 c. — Larg. o m. 32 c.

593. Portrait d'homme.

Il est enveloppé d'un manteau rouge, a le bras droit
appuyé sur un piédestal ; près de lui est un lévrier.

Haut. o m. 24 c. — Larg. o m. 19 c.

5*

MIÉRIS (GUILLAUME VAN) le fils, *né à Leyde en 1662, mort en 1747; élève de F. Miéris, son père.*

594. Scène familière.

Un jeune garçon fait des bulles de savon près d'une fenêtre; une jeune fille, placée derrière lui, tient une grappe de raisin; un enfant regarde l'oiseau renfermé dans une cage.

Haut. o m. 31 c. — Larg. o m. 27 c.

595. Le marchand de gibier.

Haut. o m. 31 c. — Larg. o m. 27 c.

596. La cuisinière.

Elle lève le rideau de sa fenêtre pour y accrocher une volaille. Un jeune garçon tient un plat rempli de viande.

Haut. o m. 47 c. — Larg. o m. 38 c.

MIGNON (ABRAHAM), *né en 1640, mort à Francfort en 1679; élève de Jean David de Heem.*

597. Ecureuils, poissons, fleurs et nid d'oiseaux.
Fond de paysage.

Haut. o m. 82 c. — Larg. 1 m. 01 c.

598. Un bouquet de fleurs des champs.

Au-dessous on voit un lézard, une souris, une grenouille; dans le fond, sont deux oiseaux, dont l'un est sur son nid.

Haut. o m. 48 c. — Larg. o m. 42 c.

599. Tableau de fleurs.

On y remarque des roses, des tulipes, un œillet, un anémone, et autres fleurs dans un vase de cristal.

Haut. o m. 48 c.   Larg. o m. 42 c.

Pendant du tableau précédent.

600. Fleurs et fruits.

Une souris entre dans un nid d'oiseaux.

Haut. o m. 99 c. — Larg. o m. 84 c.

601. Fleurs et fruits.

Haut. o m. 88 c. — Larg. o m. 68 c.

MIRVELT (MICHEL), *né à Delft en 1568, mort dans la même ville en 1642; élève de Blockland.*

602. Portrait d'homme vêtu de noir, avec une fraise.

Haut. o m. 63 c. — Larg. o m. 51 c.

603. Portrait de femme avec fraise.

Elle tient des gants dans la main gauche.

Haut. 1 m. 20 c. — Larg. o m. 89 c.

604. Portrait d'homme vêtu de noir, avec une fraise.

Il a la main droite sur le côté, et la gauche retient son manteau.

Haut. 1 m. 21 c. — Larg. o m. 91 c.

MOL (PIERRE VAN), *né à Anvers en 1580, mort à Paris en 1650; élève de Rubens.*

605. Descente de croix.

Le Christ est entre les bras de saint Jean et des saintes femmes.

Haut. 2 m. 06 c. — Larg. 1 m. 46 c.

MONY (JEAN DE).

606. Un cavalier offrant une bourse à une jeune fille qui tient un chat.

Près d'elle un jeune homme lui montre un oiseau.

Haut. o m. 33 c. — Larg. o m. 27 c.

MORO (ANTOINE), *né à Utrecht en 1512, mort à Anvers en 1568; élève de Jean Schooreel.*

607. Portrait d'un homme vêtu de rouge.

Il est coiffé d'une toque ornée de plumes; la main droite est posée sur une tête de mort, et la gauche sur la garde de son épée.

Haut. 1 m. 18 c. — Larg. 0 m. 82 c.

608. Portrait d'homme vêtu de noir.

Il a la tête nue et la main droite posée sur une table.

Haut. 1 m. 0 c. — Larg. 0 m. 80 c.

609. Portrait d'homme vêtu de noir avec une toque.

Il a la main droite sur le côté et tient des gants dans la main gauche.

Haut. 1 m.   c. — Larg. 0 m. 76 c.

MOUCHERON (FRÉDÉRIC), *né à Emdem en 1633, mort à Amsterdam en 1686; élève de Jean Asselyn.*

610. Vue d'un parc en terrasse avec un escalier orné de deux grands vases.

Haut. 0 m. 78 c. — Larg. 0 m. 66 c.

Les figures et les animaux sont d'Adrien Van den Velde.

NEEFS (PÉETER), *né à Anvers vers 1570; on ne sait pas en quelle année il est mort; élève de Steenwich le père.*

611. Vue intérieure de la cathédrale d'Anvers.

A gauche, dans une chapelle latérale, un prêtre célèbre la messe.

Haut. 0 m. 63 c. — Larg. 1 m. 04 c.

612. Vue intérieure d'une église.

Sur le devant, un prêtre revêtu de son surplis s'entretient avec un personnage en manteau rouge, suivi d'un
jeune homme.

Haut. o m. 33 c. — Larg. o m. 25 c.

613. Vue intérieure d'un édifice gothique servant de prison.

Un ange délivre saint Pierre, tandis que ses gardes sont
endormis ; effet de nuit.

Haut. o m. 49 c. — Larg. o m. 64 c.

614. Vue intérieure d'une église.

Haut. o m. o6 c. — Larg. o m. o9 c.

615. Vue intérieure d'une église.

Haut. o m. o6 c. — Larg. o m. o9 c.

Pendant du tableau précédent.

NÉER (ART. VAN DER), *né en 1619, mort en 1683.*

616. Village sur le bord d'une rivière.

On y voit quelques bateaux.

Haut. o m. 49 c. — Larg. o m. 81 c.

Les animaux sont attribués à Albert Cuyp.

NEER (ÉGLON VAN DER), *né à Amsterdam en 1643,
mort à Dusseldorf en 1703 ; élève de Jacques Van Loo.*

617. Paysage.

On voit sur le devant des voyageurs, et une femme qui
conduit une charrette attelée d'un cheval blanc.

Haut. o m. 33 c. — Larg. o. m. 40 c.

618. Une cuisinière.

Elle tient sur le bord d'une fenêtre un baquet où sont
des harengs.

Haut. o m. 19 c. — Larg. o m. 17 c.

NETSCHER (Gaspard) le père, *né à Prague en 1639, mort à La Haye en 1684.*

619. La leçon de chant.

Une jeune femme, en robe de satin blanc, tient un papier de musique ; derrière elle est une femme debout appuyée sur le dossier du fauteuil, et plus loin le maître avec sa guitare.

Haut. o m. 48 c. — Larg. o m. 38 c.

620. La leçon de basse de viole.

Une femme, vêtue de satin blanc, assise devant une table couverte d'un tapis, joue de la basse. Son maître lui présente un cahier ; près d'eux est un jeune homme tenant un violon.

Haut. o m. 48 c. — Larg. o m. 38 c.

NETSCHER (Constantin) le fils, *né en 1670, mort à La Haye en 1722 ; élève de son père, Gaspard Netscher.*

621. Vénus pleurant Adonis métamorphosé en fleur.

Haut. o m. 41 c. — Larg. o m. 33 c.

OOST (Jacques Van) le père, *né à Bruges vers l'an 1600, mort dans la même ville en 1671 ; on ne sait pas quel a été son maître.*

622. Saint Charles-Borromée communiant les pestiférés dans Milan.

Haut. 3 m. 5o c. — Larg. 2 m. 57 c.

ORLAY (Bernard Van), *né à Bruxelles, mort en 1790.*

623. Le mariage de la Vierge.

Haut. o m. 67 c. — Larg. o m. 89 c.

OSTADE (Adrien Van), *né à Lubeck en 1610, mort à Amsterdam en 1685 ; élève de François Hals.*

624. La famille d'Adrien Van Ostade.

Haut. o m. 70 c. — *Larg.* o m. 89 c.

Composition de dix figures.

625. Le maître d'école.

Il est au milieu de ses écoliers et tient une férule.

Haut. o m. 40 c. — *Larg.* o m. 33 c.

626. Marché aux poissons.

Haut. o m. 41 c. — *Larg.* o m. 35 c.

627. Intérieur d'un ménage rustique.

Une femme soigne un enfant au berceau.

Haut. o m. 34 c. — *Larg.* o m. 44 c.

628. Le notaire dans son étude.

Haut. o m. 34 c. — *Larg.* o m. 28 c.

629. Un fumeur allumant sa pipe.

Dans le fond, deux hommes jouent aux cartes.

Haut. o m. 27 c. — *Larg.* o m. 23 c.

630. Un buveur.

Il tient un verre d'une main, et de l'autre un pot de bière.

Haut. o m. 18 c. — *Larg.* o m. 14 c.

OSTADE (Isaac Van), *né à Lubeck en 1612 ; élève de son frère Adrien Van Ostade.*

631. Halte de voyageurs à cheval et en chariot à la porte d'une hôtellerie.

Haut. o m. 59 c. — *Larg.* o m. 84 c.

652. Un paysan, dans sa charrette, s'arrête à la porte d'un cabaret pour se rafraîchir.

Haut. o m. 55 c. — *Larg.* o m. 46 c.

653. Un canal glacé, couvert de traîneaux et de patineurs.

A gauche est une chaumière sur un terrain élevé.

Haut. 1 m. 01 c. — *Larg.* 1. m. 51 c.

654. Un canal glacé.

A droite, sur un terrain élevé, on voit une chaumière devant laquelle est un chariot attelé de deux chevaux.

Hauteur 1 m. 10 c. — *Larg.* 1 m. 54 c.

PEINS (GRÉGOIRE), *nommé communément* GEORGE PENTZ, *peintre et graveur, né à Nuremberg en* 1500, *mort en* 1556.

655. L'évangéliste saint Marc vu à mi-corps et entouré d'emblêmes variés.

Haut. 1 m. 32 c. — *Larg.* 1 m. 35 c.

POEL (VAN DER).

656. Paysans assis devant la porte d'une ferme.

Près d'eux est une femme qui allaite un enfant.

Haut. o m. 59 c. — *Larg.* o m. 83 c.

POELENBURG (CORNEILLE), *né à Utrech en* 1686 *mort dans la même ville en* 1660; *élève d'Abraham Bloemaert.*

657. Abraham et Sara.

Haut. o m. — *Larg.* o m. 11 c.

638. Un ange annonce aux bergers la naissance de Jésus-Christ.

Haut. o m. 79 c. — Larg. o m. 66 c.

639. Paysage.

Un homme et une femme gardent des animaux.

Haut. o m. 17 c. — Larg. o m. 21 c.

640. Paysage avec ruines.

Sur le devant sont trois baigneuses.

Haut. o m. 17 c. — Larg. o m. 21 c.

641. Paysage.

On voit sur le premier plan quelques baigneuses.

Haut. o m. 16 c. — Larg. o m. 25 c.

642. Paysage orné de ruines.

Sur le devant on voit un berger avec son chien.

Haut. o m. 17 c. — Larg. o m. 26 c.

643. Lieu sauvage entrecoupé de rochers et de touffes d'arbres.

Sur le devant, on aperçoit Diane au bain, servie par ses nymphes; dans le lointain, Actéon changé en cerf et dévoré par ses chiens.

Haut. o m. 51 c. — Larg. o m. 84 c.

Le paysage est de Breemberg.

644. Plusieurs femmes nues.

Haut. o m. 27 c. — Larg. o m. 27 c.

PORBUS François) le fils, *né à Bruges en 1570, mort à Paris en 1622 ; élève de son père, François Porbus.*

645. La Cène.

Haut. 2 m. 87 c. — Larg. 3 m. 70 c.

646. Saint François en extase recevant les stigmates.

Haut. 2 m. 27 c. — Larg. 1 m. 63 c.

647. Portrait en pied de Henri IV.

Il est debout, ganté et cuirassé ; la main droite touche au casque posé sur une table que recouvre un tapis de velours rouge.

Haut. 0 m. 40 c. — Larg. 0 m. 29 c.

648. Portrait en pied de Henri IV.

Il est en habit de velours noir, la main droite posée sur une table couverte d'un tapis rouge orné de galons d'or.

Haut. 0 m. 37 c. — Larg. 0 m. 25 c.

649. Portrait en pied de Marie de Médicis, femme de Henri IV.

Elle est représentée debout devant son trône ; sa robe, en velours bleu, est semée de fleurs de lis et enrichie de pierreries et de perles.

Haut. 3 m. 07 c. — Larg. 1 m. 86 c.

650. Portrait de Guillaume du Vair, né à Paris en 1556, garde-des-sceaux sous Louis XIII, mort en 1621.

Haut. 0 m. 60 c. — Larg. 0 m. 50 c.

POTTER (Paul), *né à Enkuisen en 1625, mort à Amsterdam en 1654 ; élève de Potter, son père.*

651. Deux chevaux attachés à l'auge, à la porte d'un cabaret.

Un homme leur apporte à boire.

Haut. o m. 23 c. — Larg. o m. 26 c.

652. Trois bœufs et trois moutons dans une prairie.

Haut. o m. 85 c. — Larg. 1 m. 21 c.

PYNAKER (Adam), *né à Pynaker, près de Delft, en 1621, mort en 1673.*

655. Paysage.

Un muletier s'arrête à la porte d'une auberge. Sur le devant, on voit une chèvre broutant un arbuste ; dans le lointain, une charrette attelée de deux bœufs.

Haut. o m. 80 c. — Larg. o m. 77 c.

654. Une tour, au pied de laquelle est une barque à l'ancre.

Sur le devant est une felouque avec des passagers et leur bagage.

Haut. o m. 53 c. — Larg. o m. 58 c.

655. Paysage.

Des villageois gardent leurs bestiaux ; sur le devant, on voit une vache.

Haut. 1 m. 08 c. — Larg. o m. 85 c.

REMBRANDT (Paul), *dit* Van Ryn, *né près de Leyde en 1606, mort à Amsterdam en 1674 ; élève de Pierre Latsman et d'autres maîtres.*

656. Tobie et sa famille prosternés devant l'ange du Seigneur.

Haut. o m. 68 c. — Larg. o m. 5 c.

637. Le Samaritain.

Il fait transporter dans une hôtellerie l'homme blessé dont il avait lui-même pansé les plaies.

Haut. 1 m. 14 c. — Larg. 1 m. 35 c.

638. Jésus à Emmaüs.

Il rompt le pain en présence de ses disciples.

Haut. o m. 68 c. — Larg. o m. 65 c.

639. Jésus à Emmaüs.

Haut. o m. 48 c. — Larg. o m. 62 c.

660. Saint Mathieu, évangéliste.

Il écrit sous l'inspiration d'un ange.

Haut. o m. 96 c. — Larg. o m. 31 c.

661. Le philosophe en méditation.

Dans le coin à droite, une vieille femme attise le feu.

Haut. o m. 29 c. — Larg. o m. 34 c.

662. Le philosophe en méditation.

Il est assis devant une fenêtre, dans une espèce de galerie où l'on aperçoit un escalier.

Haut. o m. 28 c. — Larg. o m. 33 c.

663. Le ménage du menuisier.

Haut. o m. 41. — Larg. o m. 34 c.

664. Vénus et l'Amour.

Haut. 1 m. 18 c. — Larg. o m. 91 c,

665. Portrait de Rembrandt dans sa jeunesse.

Il est coiffé d'une toque.

Haut. o m. 80 c. — Larg. o m 62 c.

666. Portrait de Rembrandt.

Il tient ses pinceaux et sa palette.

Haut. 1 m. 11 c. — Larg. o m. 89 c.

667. Portrait de Rembrandt.

Il est coiffé d'une toque et porte au cou une chaîne d'or.

Haut. o m. 70 c. — Larg. o m. 53 c.

668. Portrait de Rembrandt.

Il porte au cou une chaîne d'or.

Haut. o m. 60 c. — Larg. o m. 48 c.

669. Portrait d'homme avec des cheveux longs et le chapeau sur la tête.

Haut. o m. 76 c. — Larg. o m. 61 c.

670. Portrait d'homme avec un bonnet fourré.

Haut. o m. 26 c. — Larg. o m. 19 c.

671. Buste d'un vieillard presque chauve, avec une longue barbe.

Haut. o m. 76 c. — Larg. o m. 58 c.

672. Portrait de femme avec des perles et pendans d'oreilles et une mante fourrée.

Haut. o m. 72 c. — Larg. o m. 61 c.

ROMEYN (Guillaume Van).

673. Un bœuf, des moutons et autres animaux dans un pâturage.

Haut. o m. 33 c. — Larg. o m. 40 c.

ROOS (Philippe) *dit* Rosa de Tivoli, *né à Otterberg, dans le Palatinat, en* 1631, *mort en* 1685; *élève de Julien Dujardin.*

674. Un mouton dévoré par un loup.

Haut. 1 m. 91 c. — Larg. 2 m. 48 c.

Le paysage est peint par Tempeste

ROTTENHAMER (Jean), *né à Munich en* 1566, *mourut à Ausbourg en* 1604; *élève de Donouwer. Il acheva de se former à Venise.*

675. Le Christ portant sa croix.

Haut. o m. 29 c. — Larg. o m. 42 c.

676. La mort d'Adonis.

Haut. 1 m. 55 c. — Larg. 1 m. 99 c.

RUBENS (Pierre-Paul), *né à Cologne en* 1577, *mort à Anvers en* 1640; *chef de l'École flamande; élève d'Otto Venius.*

677. La fuite de Loth et de ses filles conduits par les anges.

On voit dans des nuages au-dessus de leurs têtes des groupes de démons armés de foudres.

Haut. o m. 73 c. — Larg. 1 m. 19 c.

678. Le prophète Elie.

Pour se soustraire à la vengeance de Jézabel, il s'enfuit dans le désert, où il est secouru par un ange.

Haut. 4 m. 71 c. — Larg. 4 m. 13 c.

679. L'adoration des mages.

Haut. 2 m. 80 c. — Larg. 2 m. 18 c.

680. La Vierge aux Anges.

La Vierge et l'Enfant–Jésus sur des nuages sont entourés de groupes d'enfans.

Haut. 1 m. 38 c. — Larg. 1 m. 0 c.

681. La fuite en Egypte; effet de clair de lune.

Haut. 0 m. 78 c. — Larg. 1 m. 10 c.

682. Le denier de César.

Haut. 1 m. 50 c. — Larg. 1 m. 97 c.

683. Jésus sur la croix, pleuré par saint Jean, la Vierge et la Madeleine.

Haut. 3 m. 33 c. — Larg. 2 m. 82 c.

684. Le triomphe de la religion.

Montée sur un char traîné par des archanges, la religion montre aux diverses nations qui la suivent le calice, emblême du vrai culte. Près d'elle, un ange porte la croix; plus haut, deux autres anges tiennent, l'un la couronne d'épines, l'autre les clous qui ont servi au crucifiement. De l'autre côté, paraît le génie du christianisme, tenant d'une main son flambeau destiné à éclairer les humains, et leur montrant de l'autre le chemin qui conduit à la vraie félicité. Deux anges attachent cette peinture à des colonnes.

Haut. 4 m. 81 c. — Larg. 5 m. 95 c.

On présume que cette composition a été faite pour être exécutée en tapisserie.

685. Thomiris, reine des Scythes.

Après avoir vaincu Cyrus, roi des Perses, elle lui fait couper la tête; et, la faisant plonger dans un vase de sang, l'insulte par ces paroles: Cruel, rassasie-toi après ta mort du sang dont tu as eu soif pendant ta vie, et dont tu étais insatiable !

Haut. 2 m. 63 c. — Larg. 1 m. 99 c.

686. Diogène, la lanterne à la main, cherchant un homme.

Haut. 1 m. 98 c. — Larg. 2 m. 49 c.

687. Kermesse ou fête de village. M. R.

Haut. 1 m. 49 c. — Larg. 2 m. 61 c.

688. Tournoi près des fossés d'un château.

Haut. 0 m. 73 c. — Larg. 1 m. 08 c

689. Paysage.

Haut. 1 m. 22 c. — Larg. 1 m. 72 c.

Ce tableau est connu sous le nom de l'*Arc-en-Ciel*.

690. Paysage; effet de soleil.

A droite, on voit un moulin à vent. Dans le coin, à gauche, est un filet tendu pour prendre des oiseaux.

Haut. 0 m. 45 c. — Larg. 0 m. 84 c.

691. La destinée de Marie de Médicis.

On voit les Parques filer les jours de Marie de Médicis, sous les auspices de Jupiter et de Junon, qui occupent la partie supérieure du tableau (1).

Haut. 3 m. 94 c. — Larg. 1 m. 55 c.

---

(1) En 1620, Marie de Médicis ayant choisi Rubens pour peindre dans une des galeries de son palais, aujourd'hui le palais du Luxembourg, les principaux événemens de sa vie, depuis sa naissance jusqu'à l'arrangement qu'elle avait fait à Angoulême avec Louis XIII, son fils, ce peintre vint à Paris, composa ces tableaux, et en fit des esquisses. De retour à Anvers, il n'employa que deux années à peindre ces ouvrages, qui sont au nombre de vingt-un, et dont celui-ci est le premier, suivant l'ordre chronologique.

692. Naissance de Marie de Médicis, le 26 avril 1573, à Florence.

Lucine confie la jeune princesse à la ville de Florence, qui la reçoit entre ses bras. Cette ville est désignée dans le tableau par un lion s'appuyant sur les bords de l'Arno.

Haut. 3 m. 94 c. — Larg. 2 m. 95 c.

693. Education de Marie de Médicis.

Minerve lui enseigne les élémens des sciences ; Apollon les belles-lettres et la musique ; Mercure lui fait le don de l'éloquence, et les Grâces lui présentent une couronne.

Haut. 3 m. 94 c. — Larg. 2 m. 95 c.

694. Henri IV reçoit le portrait de Marie de Médicis.

Il lui est présenté par l'Amour et l'Hymen ; la France, placée près du roi, l'engage à contracter cette alliance agréable aux dieux.

Haut. 3 m. 94 c. — Larg. 2 m. 95 c.

695. Mariage de Marie de Médicis avec Henri IV.

Le grand-duc épouse par procuration la princesse sa nièce, au nom du roi. Le cardinal Aldobrandini leur donne la bénédiction nuptiale. On voit, à la suite de la princesse, Jeanne d'Autriche, duchesse de Mantoue ; du côté du grand-duc, le duc de Bellegarde, porteur de la procuration de Henri IV, et le marquis de Sillery, négociateur de cette alliance.

Haut. 3 m. 94. — Larg. 2. m. 95 c.

696. Débarquement de Marie de Médicis au port de Marseille, le 3 novembre 1600.

La France, la ville de Marseille et son clergé vont

au-devant de la nouvelle reine et lui présentent le dais ;
les personnes les plus illustres l'accompagnent.

Haut. 3 m. 94 c. — Larg. 2 m. 95 c.

697. Mariage de Henri IV avec Marie de Médicis, accompli à Lyon le 9 décembre 1600.

La ville de Lyon, assise sur un char traîné par deux
lions, lève ses regards vers le ciel et admire les nouveaux
époux qui y sont représentés sous les traits de Jupiter et
de Junon. L'Hymen est auprès d'eux et indique d'une
main la constellation de Vénus, sous laquelle ce mariage a été célébré.

Haut. 3 m. 94 c. — Larg. 2 m. 95 c.

698. Naissance de Louis XIII à Fontainebleau,
le 27 septembre 1601.

Marie de Médicis, la tête appuyée sur le bras de la for-
tune, vient de donner le jour au dauphin, et le regarde
avec une douce satisfaction, qui change en joie toutes
les douleurs de l'enfantement ; d'un côté, la justice confie le prince nouveau-né au génie de la santé ; de l'autre
est la fécondité qui, dans sa corne d'abondance, montre à la reine les cinq autres enfans qui doivent naître
d'elle.

Haut. 3 m. 94 c. — Larg. 2 m. 95 c.

699. Henri IV part pour la guerre d'Allemagne,
et confie à la reine le gouvernement du
royaume.

Au milieu d'eux est le dauphin, leur fils, qui depuis
régna sous le nom de Louis XIII.

Haut. 3 m. 94 c. — Larg. 2 m. 95 c.

700. Couronnement de Marie de Médicis.

Cette cérémonie pompeuse se fit à Saint-Denis, le

13 mai 1610. La reine y paraît à genoux, vêtue du manteau royal. Les cardinaux de Gondy et de Sourdis assistent le cardinal de Joyeuse qui la couronne. Le dauphin et sa jeune sœur sont à ses côtés. Le duc de Ventadour porte le sceptre, le chevalier de Vendôme la main de justice. La reine est accompagnée de Marguerite de Valois, de Madame et des princesses de la cour; dans le fond, on remarque le roi dans une tribune, d'où il regarde la cérémonie. Un peu au-dessous sont les ambassadeurs des puissances étrangères.

Haut. 3 *m.* 94. — *Larg.* 7 *m.* 27 *c.*

701. Apothéose de Henri IV, Régence de Marie de Médicis.

Henri, enlevé par le temps, est reçu dans l'Olympe; plus bas et sur la terre, Bellone, portant un trophée, et la victoire, assise sur un monceau d'armes, expriment la douleur que leur cause la mort du héros; l'hydre de la rébellion, quoique blessée, dresse encore sa tête menaçante; de l'autre côté du tableau, la reine, vêtue de deuil et les yeux baignés de larmes, est assise sur son trône. Elle est accompagnée de Minerve et de la prudence. La France à genoux lui présente le gouvernement sous l'emblème d'un globe fleurdelisé. Les seigneurs de la cour lui promettent fidélité et dévouement.

Haut. 3 *m.* 94 *c.* — *Larg.* 7 *m.* 27 *c.*

702. Le gouvernement de la Reine.

L'Olympe est assemblé pour présider au gouvernement de Marie de Médicis. Jupiter et Junon, symboles de la providence, font atteler au globe de la France plusieurs colombes, emblèmes de la douceur; ils en donnent la conduite à l'Amour; devant eux sont la paix et la concorde. Cependant Apollon armé de ses flèches, Minerve de sa lance, et Mars, que Vénus veut en vain retenir, chassent la discorde, l'envie, la haine et la fraude, monstres ennemis de la félicité publique.

Haut. 3 *m.* 94 *c.* — *Larg.* 7 *m.* 27 *c.*

705. Voyage de Marie de Médicis au Pont-de-Cé, en Anjou.

La reine, montée sur un superbe coursier et suivie de la force, indiquée par un lion, vient de réduire le Pont-de-Cé, où se fomentait une guerre civile. La victoire la couronne, et la renommée publie ses succès.

Haut. 3 m. 94 c. — Larg. 2 m. 95 c.

704. Echange des deux princesses.

Isabelle de Bourbon doit épouser Philippe IV ; Anne d'Autriche Louis XIII. La France et l'Espagne, distinguées par leurs attributs, donnent et reçoivent les nouvelles reines. La félicité, dans les cieux, entourée d'une foule d'amours, répand sur elles une pluie d'or; un fleuve et une nayade leur offrent des perles et du corail.

Haut. 3 m. 94 c. — Larg. 2 m. 95 c.

705. Félicité de la Régence.

La reine, sur son trône, tient d'une main le sceptre et de l'autre une balance ; Minerve et l'Amour sont à ses côtés. Des médailles, des lauriers et autres récompenses sont distribués aux génies des beaux-arts, qui foulent aux pieds l'ignorance, la médisance et l'envie. Le temps, couronné des diverses productions des saisons, conduit la France au siècle d'or.

Haut. 3 m. 94 c. — Larg. 2 m. 95 c.

706. Majorité de Louis XIII.

Marie de Médicis remet à son fils le gouvernement de l'état sous l'emblème d'un vaisseau dont il tient le gouvernail, et que met en mouvement la force, la religion, la bonne foi et la justice. D'autres vertus prennent soin des voiles ; deux renommées publient la sage conduite de la reine dans son gouvernement.

Haut. 3 m. 94 c. — Larg. 2 m. 95 c.

707. La reine s'enfuit du château de Blois.

Louis XIII avait relégué, par le conseil de ses courtisans, Marie de Médicis dans le château de Blois. Elle en sortit par une fenêtre d'où l'on voit descendre une de ses femmes. Minerve confie la reine à la fidélité et au courage du duc d'Epernon, qui l'attend avec quelques officiers; ils paraissent la rassurer tous par des protestations de zèle et de dévouement.

Haut. 3 m. 94 c. — Larg. 2 m. 95 c.

708. Réconciliation de Marie de Médicis avec son fils.

La reine tient conseil à Angers avec les cardinaux la Valette et de la Rochefoucauld; ce dernier l'engage à accepter le rameau d'olivier que Mercure lui présente, et à faire la paix avec Louis XIII. Le cardinal de la Valette, au contraire, lui retient le bras pour marquer qu'il est d'un avis opposé; la prudence, placée à la gauche de la reine, semble lui inspirer de se tenir sur ses gardes.

Haut. 3 m. 94 c. — Larg. 2 m. 95 c.

709. La conclusion de la paix.

Devant le temple de la paix, cette déesse éteint le flambeau de la guerre sur un amas d'armes devenues inutiles, tandis que Mercure et l'innocence y introduisent Marie de Médicis, malgré les violens efforts et la rage impuissante de la fraude, de la fureur et de l'envie.

Haut. 3 m. 94 c. — Larg. 2 m. 95 c.

710. Entrevue de Marie de Médicis et de son fils.

Pour montrer la droiture de leurs intentions, Louis XIII et sa mère se donnent dans le ciel des témoignages d'une union sincère et qu'exprime d'une manière symbolique la charité pressant contre son sein un des enfans qui lui servent d'attribut; de l'autre côté du tableau est le gouvernement de la France, précédé du courage, qui foudroie et précipite l'hydre de la rébellion.

Haut. 3 m. 94 c. — Larg. 2 m. 95 c.

711. Le triomphe de la vérité.

La vérité, soutenue par le temps, s'élance vers le ciel, où la reine et son fils se réconcilient, après avoir reconnu que de faux avis avaient seuls causé leur mésintelligence (1).

Haut. 3 m. 94 c. — Larg. 1 m. 60 c.

712. Portrait en pied de François de Médicis, grand duc de Toscane, père de Marie de Médicis.

Haut. 2 m. 47 c. — Larg. 1 m. 16 c.

715. Portrait en pied de Jeanne d'Autriche, grande duchesse de Toscane, fille de l'empereur Ferdinand Ier, mère de Marie de Médicis.

Haut. 2 m. 47 c. — Larg. 1 m. 16 c.

714. Portrait en pied de Marie de Médicis sous la figure de Bellone, entourée des attributs de la guerre (2).

Haut. 2 m. 76 c. — Larg. 1 m. 49 c.

---

(1) Ce sujet est le vingt-unième et dernier de l'histoire de Marie de Médicis. Les trois tableaux sous les n°s 712, 713 et 714 faisaient également partie de la galerie du palais du Luxembourg.

(2) Le roi ayant ordonné l'exécution en tapisserie de la collection des tableaux de Rubens représentant les principaux événemens de la vie de Marie de Médicis, les lacunes qui se trouvent dans l'exposition de cette collection sont provisoirement remplies par des tableaux de différentes écoles.

715. Portrait d'Elisabeth de Bourbon, fille de Henri IV et femme de Philippe IV, roi d'Espagne.

Elle est assise et tient un bouquet de roses.

Haut. 1 m. 10 c. — Larg. o m. 93 c.

716. Portrait de Jean Richardot, président du conseil des Pays-Bas, mort en 1689.

Il donne la main à un enfant.

Haut. 1 m. 15 c. — Larg. o m. 82 c.

717. Portrait d'une dame de la famille Boonen.

Elle tient une cordelière en filigrane.

Haut. o m. 62 c. — Larg. o m. 47 c.

718. Portrait d'une femme avec deux enfans.

Haut. 1 m. 13 c. — Larg. o m. 82 c.

Cet ouvrage n'est qu'en partie ébauché.

RUYSDAEL (Jacques), *né à Harlem en 1640, mort à Amsterdam en 1681 ; on croit qu'il n'a pas eu de maître.*

719. Paysage.

On voit dans le fond un village situé près d'un bois ; à droite, sur le devant, un chemin sablonneux bordé de quelques touffes d'arbres ; et un homme avec trois chiens.

Haut. o m. 68 c. — Larg. o m. 82 c.

720. Forêt coupée par une rivière où des bestiaux viennent s'abreuver.

Haut. 1 m. 71 c. — Larg. 1 m. 4 c.

Les figures et les animaux sont peints par Berghem.

721. Vaste campagne éclairée par un coup de soleil.

On y remarque un pont, et sur la droite un moulin à vent.

Haut. o m. 83 c. — *Larg.* o m. 99 c.

Les figures sont de Philippe Wouwermans.

722. Une tempête.

Haut. 1 m. 10 c. — *Larg.* 1 m. 56 c.

723. Paysage.

Sur le devant est une route conduisant à un village dont on aperçoit le clocher.

Haut. o m. 23 c. — *Larg.* o m. 30 c.

724. Paysage.

On y remarque un chemin sur lequel est un chariot attelé de deux chevaux.

Haut. o m. 34 c. — *Larg.* o m. 42 c,

RYN (VAN), *voir* REMBRANDT.

SANTWOORT (D. V.).

725. Jésus-Christ à Emmaüs.

Notre Seigneur, assis à table entre ses deux disciples, rompt le pain et le bénit en levant les yeux au ciel.

Haut. o m. 66 c. — *Larg.* o m. 51 c.

SCHALKEN (GODEFROY), *né à Dort en* 1643, *mort à La Haye en* 1706; *élève de Samuel Van Hoogstraten et de Gérard Dow.*

726. La Sainte-Famille.

La Vierge tient sur ses genoux l'Enfant-Jésus emmaillotté; elle est accompagnée d'un ange, de sainte Anne, qui soulève le voile de l'enfant, et de saint Joseph, occupé à souffler le feu d'un réchaud.

Haut. o m. 67 c. — *Larg.* o m. 49 c.

727. Cérès, le flambeau à la main, cherchant
sa fille Proserpine.

Haut. o m. 34 c. — *Larg.* o m. 26 c.

728. Deux femmes, dont l'une tient une bougie
allumée.

Haut. o m. 20 c. — *Larg.* o m. 14 c.

729. Un vieillard répond à une lettre qu'il
tient à la main.

Haut. o m. 12 c. — *Larg.* o m. 09 c.

SCHOEN (Martin), ou **SCHOENHAVER** ou le
beau **MARTIN**, *né à Culmbach en 1420, mort en 1486.*
(Ecole allemande.)

730. Les Israélites recueillant la manne dans
le désert.

Haut. o m. 67 c. — *Larg.* o m. 51 c.

SCHOWAERT (N.).

731. Paysage avec un grand nombre de figures
et d'animaux.

Sur la hauteur, à gauche, on voit l'entrée d'un village.

Haut. o m. 38 c. — *Larg.* o m. 58 c.

732. Paysage.

A droite est l'entrée d'une forêt où l'on voit des
paysans dans un chariot.

Haut. o m. 38 c. — *Larg.* o m. 58 c.

SEGHERS (Gérard), *né à Anvers vers 1589, mort dans
la même ville en 1651 ; élève de Van Baelen.*

733. Saint François en extase, soutenu par les
anges.

Haut. 2 m. 35 c. — *Larg.* 1 m. 61 c.

6 *

SEIBOLDT (CHRÉTIEN), *né à Mayence en 1697, mort à Vienne en 1768.*

754. Portrait de Seiboldt, coiffé d'une toque grise.

Haut. o m. 46 c. — Larg. o m. 36 c.

SLINGELANDT (PIERRE VAN), *né à Leyde en 1440, mort en 1691 ; élève de Gérard Dow.*

755. De la vaisselle, un coffre, un tonneau et divers autres objets de nature morte.

Haut. o m. 18 c. — Larg. o m. 21 c.

756. Tableau de famille.

Une dame est assise entre ses deux enfans. L'un d'eux tient un nid d'oiseaux ; près d'elle est un perroquet perché sur un bâton; son mari remet une lettre à un nègre.

Haut. o m. 53 c. — Larg. o m. 45 c.

757. Portrait d'homme.

Haut. o m. 12 c. — Larg. o m. 09 c.

SNEYDERS (FRANÇOIS) , *né à Anvers en 1579 , mort dans la même ville en 1657 ; élève de Van Baelen.*

758. Cerf poursuivi par la meute.

En fuyant il vient de lancer en l'air un des chiens.

Haut. 2 m. 12 c. — Larg. 2 m. 77 c.

759. Entrée des animaux dans l'arche de Noé.

Haut. 2 m. 31 c. — Larg. 3 m. 60 c.

Les deux lions sont les mêmes que ceux qu'on voit dans le tableau de Rubens représentant le mariage de Henri IV. (*Voir* le n° 697.)

740. Cheval et autres quadrupèdes.

Haut. 2 m. 46 c. — Larg. 1 m. 70 c.

741. Lion, cerf, autruche et autres animaux.

Haut. 2 m. 46 c. — Larg. 1 m. 70 c.

742. Des chiens dans un garde-manger se disputent un gigot.

Haut. 1 m. 24 c. — Larg. 2 m. 05 c.

743. Intérieur de cuisine.

On y voit des poissons de toute espèce.

Haut. 2 m. 46 c. — Larg. 1 m. 70 c.

744. Intérieur de cuisine.

On y remarque des objets du même genre que ceux du tableau précédent.

Haut. 2 m. 46 c. — Larg. 1 m. 70 c.

745. Fruits et animaux.

On y distingue des melons, des citrons et autres fruits; un singe, un écureuil et un perroquet.

Haut. 0 m. 81 c. — Larg. 1 m. 13 c.

SPRONG (Guérard), *né à Harlem en 1600; élève de son père.*

746. Portrait d'une femme tenant des gants dans la main droite.

Haut. 0 m. 80 c. — Larg. 0 m. 70 c.

STAVEREN (Van).

747. Un géographe dans son cabinet.

Haut. 0 m. 38 c. — Larg. 0 m. 33 c.

STEEN (Jean), *né à Leyde en 1636, mort à Delft en 1689; élève de Van Goyen.*

748. Danse et banquet de paysans.

Haut. 1 m. 18 c. — Larg. 1 m. 61 c.

STEENWICK (Henri Van) le fils , *né à Amster-dam en 1589 , mort en Angleterre ; élève de son père, H. Van Steenwick.*

749. Intérieur d'église.

    On n'y voit que deux figures ; l'une représente un homme sortant avec un flambeau allumé , l'autre une vieille femme assise près de la porte.

Haut. 1 m. 23 c. — Larg. 1 m. 54 c.

750. Vue intérieure d'une vaste salle dans le style gothique.

Elle communique à une autre pièce au fond de laquelle on aperçoit les préparatifs d'un repas. Le sujet représente Jésus chez Marthe et Marie.

Haut. 0 m. 68 c. — Larg. 1 m. 0 c.

Les figures sont de Corneille Poelenburg.

751. Intérieur d'église.

Dans une chapelle , à gauche , le sacristain fait exami-ner à des curieux le tableau de l'autel.

Haut. 0 m. 26 c. — Larg. 0 m. 42 c.

752. Vue intérieure d'une église.

A gauche , sur le devant , un pauvre reçoit l'aumône.

Haut. 0 m. 26 c. — Larg. 0 m. 37 c.

753. Intérieur d'église avec figures.

Haut. 1 m. 16 c. — Larg. 1 m. 81 c.

SWANEVELT (Herman), *dit* Herman *d'Italie , né à Woerden en 1620, mort à Rome en 1690; élève de Claude Le Lorrain.*

754. Paysage éclairé par le soleil couchant.

On voit sur un plan éloigné un pâtre qui garde des

bestiaux ; sur le devant un homme et une femme portant un paquet sur la tête.

Haut. o m. 66 c. — Larg. o m. 97 c.

755. Paysage.

Sur le devant sont deux voyageurs, et une femme montée sur un âne.

Haut. o m. 28 c. — Larg. o m. 38 c.

756. Paysage.

On voit une femme tenant une corbeille sur sa tête, deux autres personnages et un berger gardant un troupeau de chèvres.

Haut. o m. 28 c. — Larg. o m. 38 c.

757. Paysage orné de figures.

A la gauche du spectateur est une forêt, et à droite un fleuve couvert de barques. On aperçoit dans le lointain une vaste campagne.

Haut. o m. 77 c. — Larg. 1 m. 40 c.

TÉNIERS (DAVID) le jeune, *né à Anvers en* 1610, *mort à Bruxelles en* 1694; *élève de son père et d'Adrien Brauwer.*

758. Saint Pierre renie Jésus-Christ.

Sur le devant du tableau des soldats jouent aux cartes.

Haut. o m. 39 c. — Larg. o m. 53 c.

759. L'enfant prodigue à table avec des courtisanes.

Haut. o m. 70 c. — Larg. o m. 88 c.

760. Les œuvres de Miséricorde.

Un homme riche, accompagné de sa femme et de ses serviteurs, distribue aux pauvres du pain, de l'argent et des vêtemens.

Haut. o m. 56 c. — Larg. o m. 78 c.

761. Tentation de saint Antoine.

Il est à genoux devant un crucifix ; un vieillard pré-

sente au saint ermite un verre rempli de liqueur ; der—
rière lui est une vieille femme lisant un papier qu'elle
tient à la main.

Haut. o m. 62 c. — Larg. o m. 49 c.

762. Intérieur d'estaminet.

Sur le devant, à gauche, des hommes jouent aux cartes ;
plus loin l'hôte reçoit de l'argent d'un cavalier ; une
femme et des enfans sont auprès du feu.

Haut. o m. 62 c. — Larg. o m. 88 c.

763. La noce de village.

Haut. o m. 79 c. — Larg. o m. 17 c.

764. Paysans occupés à boire et à fumer à la porte d'un cabaret.

Des pêcheurs lèvent leurs filets.

Haut. 1 m. 20 c. — Larg. 2 m. 63 c.

765. Intérieur de tabagie.

On y remarque une femme assise près d'un buveur, et
dans le fond des fumeurs devant une cheminée.

Haut. o m. 38 c. — Larg. o m. 60 c.

766. Un fumeur assis devant une table.

Plus loin des hommes jouent aux cartes.

Haut. o m. 39 c. — Larg. o m. 31 c.

767. Danse de paysans à la porte d'un cabaret.

Haut. o m. 13 c. —. Larg. o m. 26 c.

768. Chasse au héron.

Haut. o m. 81 c. — Larg. 1 m. 18 c.

On présume que le personnage qu'on aperçoit dans le fond, suivi de
deux écuyers, est l'archiduc Léopold.

769. Le rémouleur.

Haut. o m. 42 c. — Larg. o m. 30 c.

770. Le joueur de cornemuse.

On voit dans le fond du tableau des hommes qui jouent aux cartes.

Haut. o m. 30 c. — Larg. o m. 23 c.

771. Buste de vieillard en robe et en bonnet fourrés.

Haut. o m. 22 c. — Larg. o m. 17 c.

TERBURG (Gérard), *né à Zwol, en 1608, mort à Deventer en 1681 ; élève de son père.*

772. Un militaire offre de l'argent à une jeune dame.

Haut. o m. 69 c. — Larg. o m. 56 c.

773. La leçon de musique.

Haut. o m. 82 c. — Larg. o m. 72 c.

774. Une musicienne.

Esquisse.   *Haut. o m. 47 c. — Larg. o m. 43 c.*

775. Un conseil de magistrats.

Esquisse.   *Haut. o m. 21 c. — Larg. o m. 85 c.*

THULDEN (Théodore Van), *né à Bois-le-Duc en 1607 on ignore l'année de sa mort ; élève de Rubens, avec lequel il travailla à la galerie du Luxembourg.*

776. Composition du genre mystique.

Jésus-Christ, après sa résurrection, accompagné de plusieurs saints personnages et d'un ange qui porte l'étendard déployé, apparaît à sa mère, aux pieds de laquelle sont les instrumens de la passion. Un ange, en soulevant le voile de la Vierge, découvre les traits de son visage. Le fond et le cintre du tableau offrent un concert nombreux d'esprits célestes portés sur des nuages et jouant de divers instrumens.

Haut. 5 m. 73 c. — Larg. 3 m. 58 c.

ULFT (JEAN VAN DER), *né à Gorcum en 1627 ; l'année de sa mort et le nom de son maître sont inconnus.*

777. Porte de ville dont les murs sont baignés par une rivière.

Haut. 0 m. 42 c. — Larg. 0 m. 55 c.

778. Vue d'une place publique où se font les préparatifs d'une fête.

On y remarque une multitude de personnages en costumes anciens.

Haut. 0 m. 31 c. — Larg. 0 m. 50 c.

VANLOO (JACQUES), *né à l'Ecluse, en Flandre, en 1614, mort en 1670.*

779. Portrait de Michel Corneille, peintre et graveur, né à Paris, en 1642, mort en 1708.

Haut. 1 m. 18 c. — Larg. 0 m. 88 c.

VELDE (ADRIEN VAN DEN), *né à Amsterdam en 1639, mort en 1672 ; élève de Wynants.*

780. Troupeau de bœufs et de moutons sur le bord d'une rivière.

Sur le second plan, on aperçoit deux bergers dont l'un pêche à la ligne. Effet de soleil levant.

Haut. 0 m. 50 c. — Larg 0 m. 71 c.

781. Un pâtre et sa femme jouent avec leur enfant en faisant paître leur troupeau.

Haut. 0 m. 29 c. — Larg. 0 m. 41 c.

782. Pâturage couvert de troupeaux.

Sur la gauche, on voit une chaumière près de laquelle sont assis deux hommes et une femme.

Haut. 0 m. 39 c. — Larg. 0 m. 53 c.

783. Promenade d'un prince de la maison d'Orange sur la plage de Schevelingen.

Haut. 0 m. 37 c. — Larg. 0 m. 49 c.

784. Paysage et animaux.

Dans le lointain on aperçoit une hôtellerie.

Haut. 0 m. 21 c. — Larg. 0 m. 28 c.

785. Les amusemens de l'hiver.

Haut. 0 m. 23 c. — Larg. 0 m. 30 c.

VENNE (Van Der); *né à Delft en 1586, mort en 1650; élève de Jérôme Van Diest.*

786. Fête donnée à l'occasion de la trève conclue entre l'archiduc Albert d'Autriche et les Hollandais en 1609.

Haut. 0 m. 62 c. — Larg. 1 m. 12 c.

Le paysage et les accessoires sont de Breughel de Velours.

VERKOLIE (Jean), le père, *né à Amsterdam en 1650, mort à Delft en 1693; élève de Jean Lievens.*

787. Scène d'intérieur de ménage.

Une femme tient sur ses genoux un enfant enveloppé dans ses langes. Une servante lui apporte une tasse; on aperçoit à droite une table couverte d'un tapis, à gauche un chien et le berceau de l'enfant.

Haut. o m. 58 c. — *Larg.* o m. 5x c.

VERKOLIE (Nicolas), le fils, *né à Delft en* 1673, *mort en* 1746; *élève de son père.*

788. Proserpine cueillant des fleurs avec ses compagnes dans la prairie d'Enna.

On aperçoit dans le lointain Pluton qui se dispose à l'enlever.

Haut. o m. 65 c. — *Larg.* o m. 82 c.

VINTRANCK (N.).

789. Paysage avec figures et animaux.

A gauche, on voit un vieux arbre dépouillé de verdure sur lequel est un hibou perché; à droite, une rivière et des canards.

Haut. o m. 41 c. — *Larg.* o m. 49 c.

VLIEGER (N.).

790. Marine par un temps calme.

Sur le devant sont quelques vaisseaux; dans le lointain une ville fortifiée.

Haut. o m. 43 c. — *Larg.* x m. o c.

791. Marine.

On voit sur le devant plusieurs embarcations.

Haut. o m. 35 c. — *Larg.* o m. 36 c.

VOS (Martin de), *d'Anvers.*

792. Chasse au sanglier.

L'animal furieux, forcé par les chiens, en a mis plusieurs hors de combat.

Haut. 2 m. 32 c. — *Larg.* 3 m. 48 c.

VOYS (Ari de), *né à Leyde en 1641 ; élève de Van den Tempel.*

793. Portrait d'un négociant assis à son bureau.

Haut. o m. 39 c. — Larg. o m. 31 c.

794. Portrait d'un peintre à son chevalet.

Haut. o m. 26 c. — Larg. o m. 22 c.

On croit que c'est Adam Pinaker, célèbre paysagiste.

WEENIX (Jean-Baptiste), le père, *né à Amsterdam en 1621, mort près d'Utrecht vers 1660 ; élève d'Abraham Bloemaert.*

795. Corsaires turcs débarqués et repoussés.

Sur le devant du tableau , une jeune femme et un enfant implorent le général contre un Levantin qui leur a volé des effets précieux.

Haut. 1 m. 24 c. — Larg. 1 m. 76 c.

WEENIX (Jean) le fils, *né à Amsterdam en 1644, mort en 1719 ; élève de J.-B. Weenix, son père.*

796. Lièvre accroché à une croisée ; perdrix et instrumens de chasse.

Haut. 1 m. 09 c. — Larg. o m. 86 c.

797. Paon, lièvre et autres pièces de gibier déposés au pied d'un grand vase et gardés par un chien.

Haut. 1 m. 43 c. — Larg. 1 m. 86 c.

WERF (Adrien Van der), *né à Kralinguer-Ambach, près Rotterdam, en 1659, mort dans la même ville en 1722 ; élève d'Eglon Van der Neer.*

798. Adam et Ève près de l'arbre du bien et du mal.

Haut. o m. 45 c. — Larg. o m. 35 c.

799. La fille de Pharaon fait retirer du Nil le jeune Moïse.

Haut. o m. 72 c. — Larg. o m. 59 c.

800. La chasteté de Joseph.

Haut. o m. 59 c. — Larg. o m. 45 c.

801. Un ange annonce aux bergers la venue du Messie.

Haut. o m. 65 c. — Larg. o m. 50 c.

802. La Madeleine dans le désert.

Elle tient un livre ; près d'elle est une tête de mort.

Haut. o m. 60 c. — Larg. o m. 46 c.

803. Antiochus et Stratonice.

Séleucus, roi de Syrie, près de perdre son fils Antiochus, éperdument amoureux de Stratonice, sa belle-
mère, la lui accorde pour épouse, et l'envoie régner sur
une portion de ses vastes états.

Haut. o m. 70 c. — Larg. o m. 53 c.

804. Deux nymphes dansent devant un jeune faune qui joue de la flûte.

Haut. o m. 58 c. — Larg. o m. 44 c.

WOLFMUTT. (N.)

805. Jésus devant Pilate.

Haut. o m. 34 c. — Larg. o m. 26 c.

WOUWERMANS (PHILIPPE), *né à Harlem en 1620,
mort dans la même ville en 1668 ; élève de son père et de
P. Wynants.*

306. Départ pour la chasse.

On voit sur un plan éloigné des cavaliers arrêtés près

d'une fontaine d'où sort un jet d'eau ; à gauche, au bas
de l'escalier qui conduit à la terrasse d'un château, est un
suisse armé de sa hallebarde.

Haut. o m. 73 c. — Larg. o m. 86 c.

807. Manège près d'une rivière.

On voit deux écuyers, dont l'un monte un cheval blanc
attaché au poteau, l'autre un cheval brun.

Haut. o m. 51 c. — Larg. o m. 43 c.

808. Départ pour la chasse au vol.

Haut. o m. 37 c. — Larg. o m. 49 c.

809. Passage d'un torrent.

Des voyageurs le traversent à gué, d'autres sur un pont
de bois.

Haut. o m. 58 c. — Larg. o m. 68 c.

810. Chasse au cerf.

L'animal, poursuivi par les chiens, s'est jeté à l'eau.

Haut. o m. 29 c. — Larg. o m. 39 c.

811. Choc de cavalerie.

Haut. o m. 34 c. — Larg. o m. 47 c.

812. Choc de cavalerie polonaise.

Haut. 1 m. 35 c. — Larg. o m. 98 c.

813. Halte de cavaliers près d'une tente.

Haut. o m. 39 c. — Larg. o m. 33 c.

814. Halte de voyageurs.

Haut. o m. 36 c. — Larg. o m. 49 c.

815. La sortie de l'hôtellerie.

Haut. o m. 39 c. — Larg. o m. 51 c.

816. Le bœuf gras promené par des paysans à l'entrée d'une ville.

Haut. o m. 47 c. — Larg. o m. 42 c.

WOUWERMANS (Pierre), *né à Harlem ; on ignore l'année de sa naissance et celle de sa mort ; élève de son frère Philippe Wouwermans.*

817. Vue de Paris.

Elle est prise de la tour de Nesle, sur le bord de la Seine. On aperçoit dans le fond le Pont-Neuf et la statue de Henri IV.

Haut. 1 m. 38 c. — Larg. 1 m. 70 c.

WYNANTS (Jean), *né à Harlem, vers 1606, mort en 1670, emprunta le pinceau de ses élèves Adrien Van den Velde et Wouwermans, et le plus souvent de Lingelback, pour placer des figures dans ses tableaux.*

818. Paysage.

Un chemin sépare le bois de la rivière ; il est couvert de troupeaux ; sur le devant, on voit deux chasseurs qui se reposent ; à droite du spectateur, une grande étendue de pays.

Haut 1 m. 17 c. — Larg. 1 m. 44 c.

Les figures et les animaux sont d'Adrien Van den Velde.

819. Vue d'une ferme.

Elle est dans une vaste campagne arrosée par une rivière, et coupée par un bois et deux routes.

Haut. o m. 90 c. — Larg. 1 m. 22 c.

Les figures et les animaux sont d'Adrien Van den Velde

820. Paysage.

On voit sur un chemin un cavalier allant à la chasse au vol.

Haut. o m. 20 c. — Larg. o m. 26 c.

ZAFT-LEVEN (Herman) , *né à Rotterdam en 1609, mort dans la même ville en 1685 ; élève de Van Goyen.*

821. Vue du cours du Rhin.

Ce paysage est orné de fabriques, de barques et de figures.

Haut. o m. 30 c. — Larg. o m. 39 c.

ZORG (Henri Kokes, *surnommé*), *né à Rotterdam en 1621, mort en 1682 ; élève de Téniers.*

822. Intérieur de cuisine.

On y voit épars divers ustensiles, et dans le fond un homme et une femme près de la cheminée.

Haut. o m. 49 c. — Larg. o m. 64 c.

823. Intérieur de cuisine.

On y remarque des légumes et des ustensiles. Une femme tire de l'eau d'un puits.

Haut. o m. 5o c. — Larg. o m. 65 c.

ZUSTRIS ou **SUSTER** (Lambert), *né à Amsterdam, travailla à Florence, et mourut à Munich vers 1600 ; élève de Christophe Schwartz et du Titien.*

824. Vénus et l'Amour.

Elle est sur son lit et joue avec ses colombes.

Haut. 1 m. 34 c. — Larg. 1 m. 85 c.

ÉCOLES D'ITALIE.

ALBANE (Francesco Albani), *né à Bologne en 1578, mort en 1668; élève de Carrache.* (Ecole Bolonaise).

825. La salutation angélique.

L'Eternel commande à Gabriel d'annoncer à la Vierge Marie qu'elle deviendra mère par l'opération du Saint-Esprit; un ange apporte une tige de lis, symbole du message divin. A la voix du Très-Haut, la paix et la justice s'embrassent, la foi et l'espérance se prêtent un mutuel secours, et la hiérarchie céleste célèbre l'accomplissement de ce mystère.

Haut. 0 m. 33 c. — Larg. 0 m. 42 c.

826. La salutation angélique.

Gabriel, porté sur un nuage, les bras croisés sur la poitrine, tient un lis de la main droite; la Vierge, à genoux, occupée à lire, se retourne et témoigne son étonnement. Dans la partie supérieure, le peintre a représenté le Saint-Esprit et trois anges portés sur des nuages.

Haut. 0 m. 57 c. — Larg. 0 m. 43 c.

827. La salutation angélique.

Même sujet traité avec quelque différence.

Haut. 0 m. 19 c. — Larg. 0 m. 14 c.

828. Le repos en Egypte.

Deux anges offrent des fruits et des fleurs à l'Enfant-Jésus assis sur les genoux de sa mère; un troisième abaisse la branche d'un arbre pour que la Vierge puisse en cueillir le fruit; de l'autre côté, saint Joseph conduit un âne à la rivière.

Haut. 0 m. 74 c. — Larg. 0 m. 95 c.

829. Le repos en Égypte.

Haut. o m. 76 c. — Larg. o m. 95 c.

Répétition du tableau précédent avec quelques changemens.

830. Sainte-Famille.

L'Enfant-Jésus embrasse saint Jean, qui lui est présenté par la Vierge et sainte Élisabeth. Saint Joseph médite; des anges répandent des fleurs et adorent le Sauveur en silence.

Haut. o m. 58 c. — Larg. o m. 43 c.

831. Jésus apparaît à la Madeleine après sa résurrection.

Haut. o m. 19 c. — Larg. 2 m. 13 c.

832. Saint François en oraison devant un crucifix.

Il pose la main gauche sur une tête de mort.

Haut. o m. 17 c. — Larg. o m. 15 c.

833. La toilette de Vénus.

Vénus, impatiente d'essayer l'effet de ses charmes sur le cœur d'Adonis, se regarde avec complaisance dans une glace qui lui présage la victoire. Assise sur les bords de la mer, elle est accompagnée des grâces et des amours qui s'occupent à l'embellir encore. Déjà Cupidon chante les douceurs d'une union désirée, et des enfans ailés abreuvent d'ambroisie les cygnes qu'ils vont atteler au char de la déesse.

Haut. 2 m. o3 c. — Larg. 2 m. 53 c.

834. Le repos de Vénus et de Vulcain.

Tandis que Vulcain se repose aux pieds de Vénus, les amours forgent des traits, les aiguisent, les essaient, forment des arcs, montrent leur force et leur adresse merveilleuses en présentant à la déesse un bouclier percé de flèches. Diane et ses compagnes, portées sur des nuages, contemplent avec des yeux inquiets la forge et les travaux des amours.

Haut. 2 m. o3 c. — Larg. 2 m. 55 c.

835. Les amours désarmés.

A la suite de leurs travaux, les amours se livrent à un sommeil perfide ; les nymphes de Diane les surprennent, les désarment, détruisent les carquois, les arcs et les traits qu'elles redoutent. Calisto semble défier les amours; mais sa compagne, plus prudente, l'engage à ne pas les réveiller. Diane, dans les airs, s'applaudit de sa victoire.

Haut. 2 m. o3 c. — Larg. 2 m. 55 c.

836. Adonis conduit aux pieds de Vénus endormie.

Les amours ont bientôt réparé leurs pertes ; tout cède à leur empire, dans les airs, sur la terre, sur les eaux. L'un d'eux conduit Adonis aux pieds de Vénus endormie. En vain le chien, fidèle compagnon du jeune chasseur, veut l'entraîner vers les forêts; il ne peut quitter tant de charmes. Les amours, placés près du lit de la déesse, semblent, par leurs signes, recommander le silence et le secret.

Haut. 2 m. o3 c. — Larg. 2 m. 55 c.

837. Apollon chez Admète.

Apollon, pour venger la mort de son fils Esculape, que Jupiter avait foudroyé, tua les Cyclopes à coups de flèches. Banni de l'Olympe, il était réduit à garder les troupeaux d'Admète, roi de Thèbes, lorsque le maître des dieux, touché de ses souffrances, rassembla les divinités du ciel et commanda à Mercure de lui annoncer la fin de son exil. Dans le lointain, on aperçoit Pégase, l'Hélicon, l'Hippocrène et les Muses.

Haut. o m. 88 c. — Larg. 1 m. o3 c.

838. Le triomphe de Cybèle.

Cybèle, assise sur son trône, accompagnée de Flore, de Cérès, de Bacchus, de Pomone, invoque la chaleur de l'astre du jour, qui fait naître et mûrir les productions de la terre.

Haut. o m. 88 c. — Larg. 1 m. o3 c.

839. Actéon métamorphosé en cerf.

Haut. o m. 5o c. — Larg. o m. 61 c.

840. Diane et Actéon.

Haut. o m. 68 c. — Larg. o m. 92 c.

841. Daphné poursuivie par Apollon.

Haut. o m. 17 c. — Larg. o m. 35 c.

842. Salmacis.

Salmacis voyant Hermaphrodite se baigner dans la fontaine dont elle était nayade, en devient éperduement amoureuse.

Haut. o m. 14 c. — Larg. o m. 31 c.

843. Vénus et Adonis.

Haut. o m. 46 c. — Larg. o m. 62 c.

844. Latone métamorphosant des paysans en grenouilles.

Haut. o m. 75 c. — Larg. o m. 68 c.

ALBERTINELLI (Mariotto), *né à Florence vers l'an 1467, mort vers 1512; élève de Cosimo Rosselli. (Ecole florentine.)*

845. L'Enfant Jésus, dans les bras de sa mère, bénit saint Jérôme et saint Zénobe, évêque de Florence.

Dans le lointain, à gauche, saint Jérôme est au pied de

la croix; à droite, saint Zénobe, visitant les églises de son diocèse, ressuscite un jeune homme qu'on portait en terre, et le rend à sa mère dont il était le soutien.

Haut. 1 m. 86 c. — Larg. 1 m. 76 c.

ALEMAGNA (GIUSTO DI), *voir* à l'école flamande, JUSTE.

ALEXANDRE VÉRONESE (ALESSANDRO TURCHI) *dit* L'ORBETTO, *né à Vérone vers* 1580, *mort vers* 1650; *élève de Félice Riccio, dit il Brusa-Sorci.* (École véni- tienne.)

846. Le déluge.

La terre est presque submergée. C'est en vain qu'un père, après avoir sauvé son enfant, retire de l'eau sa femme évanouie; qu'un autre étend une draperie pour abriter sa compagne et son fils. Les noyés et ceux qui luttent encore contre les eaux toujours croissantes of- frent de toutes parts l'aspect d'une mort inévitable. M. R.

Haut. o m. 74 c. — Larg. o m. 96 c.

847. Samson et Dalila.

Samson endormi est livré par Dalila aux Philistins; le plus hardi lui coupe les cheveux. La mâchoire d'âne et l'épée qui sont entre les mains des deux en- fans désignent les armes qui l'avaient rendu redou- table à ses ennemis.

Haut. 1 m. 59 c. — Larg. 2 m. 56 c.

848. La femme adultère amenée devant Jésus.

Haut. o m. 29 c. — Larg. o m. 37 c.

849. Mariage mystique de sainte Catherine d'A- lexandrie. M. R.

Haut. 1 m. 24 c. — Larg. 1 m. 27 c.

850. Antoine et Cléopâtre.

Vaincu et trahi par les siens, Antoine s'est donné la mort; il expire étendu sur un lit. Proculeius, envoyé par Octave, est à ses côtés. Vers la droite, Cléopâtre perdant l'espoir de séduire le vainqueur, se laisse piquer par un aspic, et tombe évanouie entre les bras de ses femmes.

Haut. 2 m. 55 c. — Larg. 2 m. 67 c.

ALEXANDRE VÉRONÈSE (genre d').

851. Martyre de saint Sébastien.

Irène, veuve chrétienne, panse, avec sa suivante, les plaies de saint Sébastien percé de flèches pour la défense de la foi.

Haut. 1 m. 79 c. — Larg. 1 m. 46 c.

ALFANI (Orasio di Paris), *né à Pérouse vers 1510, mort en 1583; élève de Dominico di Paris, son père* (Ecole romaine.)

852. Mariage mystique de sainte Catherine d'Alexandrie.

A genoux aux pieds de la Vierge, sainte Catherine d'Alexandrie reçoit du Sauveur l'anneau nuptial, en présence de saint Antoine de Padoue, qui tient une branche de lis à la main, et de saint François d'Assise, qui porte un livre et un crucifix.

Haut. 2 m. 12 c. — Larg. 1 m. 45 c.

ALLEGRI. *Voir* Corrége.

ALLORI (Christophano), *né à Florence en 1577, mort en 1621; élève de son père Alessandro Allori, surnommé il Bronzino.* (Ecole florentine.)

853. Isabelle d'Arragon aux pieds de Charles VIII.

En 1494, Charles VIII, roi de France, marchant en

Italie pour faire la conquête du royaume de Naples, vint à Pavie, et logea dans le même château où se trouvait Jean Galéas, duc de Milan, alors grièvement malade. Le roi, suivi de sa cour, allait le visiter, lorsqu'Isabelle d'Arragon, épouse du duc, se jetant aux pieds du monarque, essaya de le détourner de la guerre contre son père Alphonse, roi de Naples, et sollicita sa bienveillance en faveur de son époux et de son fils.

Charles, touché de sa jeunesse et de sa beauté, l'accueillit honorablement, mais lui déclara que l'entreprise était trop avancée pour en suspendre l'exécution.

Haut. 1 m. 21 c. — *Larg.* 1 m. 57 c.

ALUNNO (NICCOLO), *de Foligno ; peignait de* 1458 *à* 1492. (Ecole romaine.).

1°. Sujet allégorique.

Deux anges soutiennent un cartel contenant une inscription en vers élégiaques altérée par le temps. On y célèbre la générosité d'une dame nommée Brésida, et les talens du peintre Alunno.

Haut. 0 m. 36 c. — *Larg.* 0 m. 15 c.

2°. La prière au jardin des Oliviers.

Haut. 0 m. 36 c. — *Larg.* 0 m. 35 c.

854

3°. Le Christ à la Colonne.

Haut. 0 m. 36 c. — *Larg.* 0 m. 35 c.

4°. Le portement de croix.

Haut. 0 m. 36 c. — *Larg.* 0 m. 64 c.

5°. Le Christ entre les deux larrons.

Haut. 0 m. 36 c. — *Larg.* 0 m. 77 c.

6°. Fuite de Pierre.

Il interroge le Sauveur qui lui apparaît : *Domine, quò vadis?*

Haut. 0 m. 36 c. — *Larg.* 0 m. 15 c.

Ces six sujets sont renfermés dans le même cadre.

AMERIGHI ou **MORIGI** (Michel Angiolo), *voir* Caravage.

ANDRE DEL SARTE (Andrea Vannucchi), *né à Florence en 1488, mort en 1530. (Ecole florentine.)*

Il fut élève de Gio. Barile, sculpteur en bois, puis de Pier di Cosimo, et parvint, en étudiant les fameux cartons de Michel-Ange et de Léonard de Vinci, à donner à ses figures des contours assez purs pour mériter le sur_nom d'Andrea Senza Errori.

855. Sainte-Famille.

La Vierge et l'Enfant-Jésus écoutent saint Jean qui leur est présenté par sainte Elisabeth. Les tristes vérités dont il est l'interprète répandent une vive douleur parmi les anges et la Sainte-Famille.

Haut. 1 m. 41 c. — Larg. 1 m. 14 c.

856. La charité.

Elle est représentée par une femme assise avec deux enfans sur ses genoux; l'un d'eux lui prend le sein avec avidité ; à ses pieds un troisième enfant dort sur une draperie (1).

Haut. 1 m. 85 c. — Larg. 1 m. 37 c.

857. L'annonciation.

Haut. 0 m. 91 c. — Larg. 1 m 90 c.

858. La Sainte-Famille.

Haut. 1 m. 08 c. — Larg. 0 m. 88 c.

---

(1) Ce tableau est l'un des premiers remis sur toile en France. Il conserva long-temps les planches qui lui avaient servi de fond, elles furent exposées avec le tableau dans la galerie du Luxembourg, pour la première fois, en 1750. André avait exécuté ce tableau en 1518, peu de temps après son arrivée en France.

ANDREA SQUAZZELLA, *élève d'Andrea del Sarto.*
(Ecole florentine.)

859. Jésus déposé de la croix.

Il est soutenu par Nicodême. La Madeleine lui baise les pieds; Joseph d'Arimathie et l'une des saintes femmes soutiennent la Vierge évanouie.

Haut. 1 m. 54 c. — *Larg.* 1 m. 95 c.

ANGELI (Giuseppe), *vivait en* 1763; *élève de Gio.* **Batista Piazzetta.** (Ecole vénitienne.)

860. Portrait d'homme.

La tête couverte d'un bonnet de poil, les épaules revêtues d'un manteau fourré, et appuyé sur son épée, il regarde les spectateurs; à ses côtés un jeune homme bat du tambour.

Haut. 0 m. 82 c. — *Larg.* 0 m. 63 c.

ANSELMI (Michel-Angelo), *né à Lucques en* 1491, *mort en* 1554. (Ecole de Parme.)

Il fut élève de Giannantonio Razzi, dit le Sodoma, et se perfectionna à Parme, en étudiant les ouvrages du Corrège, qui était moins âgé que lui.

861. La Vierge présente son fils à l'adoration des anges.

Saint Jean-Baptiste et saint Etienne, premiers martyrs, sont à genoux sur le premier plan du tableau.

Haut. 1 m. 69 c. — *Larg.* 1 m. 23 c.

ASSISI (Andrea di), *né vers* 1470, *mort vers* 1556; *élève du Pérugin.* (Ecole romaine.)

862. Sainte-Famille.

Des anges soutiennent le pavillon du trône sur le

quel la Vierge, assise, présente son fils à l'adoration de deux saints martyrs. Elle est accompagnée de saint Joseph et de saint Jean l'évangéliste.

Haut. 2 m. 13 c. — Larg 1 m. 48 c.

BAMBOCCIO, *voir* à l'école flamande, LAAR.

BANDINELLI (BACCIO), *né en 1487, mort en 1559; élève de Gio. Francesco Rustici.* (Ecole florentine.)

863. Portrait de Bandinelli.

Il est coiffé d'une toque, pose la main droite sur une tête de marbre, et le bras gauche sur une plinthe de pierre.

Haut. o m. 92 c. — Larg. o m. 68 c.

BARBARELLI, *voir* GIORGION.

BARBIERI, *voir* GUERCHIN.

BAROCHE (FEDERIGO BAROCCI ou FIORI), *né à Urbin en 1528, mort en 1612.* (Ecole romaine.)

Il fut élève de Batista Franco, et étudia les ouvrages du Titien et de Raphaël.

864. La Vierge et l'Enfant-Jésus.

Assise sur des nuages, la Vierge tient sur ses genoux l'Enfant-Jésus qui présente une palme à sainte Lucie, prosternée à ses pieds. Derrière la sainte un ange porte sur une coupe les yeux dont elle fut privée en souffrant le martyre; saint Antoine, abbé, médite sur les divines écritures.

Haut. 2 m. 85 c. — Larg. 2 m. 20 c.

865. Sainte Marguerite.

Haut. o m. 82 c. — Larg. o m. 68 c.

BARTOLO (DI TADDEO), de Sienne, *travaillait en 1414, mort à l'âge de 59 ans.*

866
1° La Vierge et l'Enfant-Jésus.

Haut. 1 m. 42 c. — Larg. 0 m. 72 c.

2° Deux saints.

Haut. 1 m. 30 c. — Larg. 0 m. 69 c.

3° Deux saints.

Haut. 1 m. 30 c. — Larg. 0 m. 69 c.

Ces trois ouvrages sont réunis dans le même cadre.

BASSAN (BASSANO JACOPO DA PONTE, *dit le*) *né en 1510, mort en 1592. (Ecole vénitienne.)*

Son nom lui vient du lieu de sa naissance; il fut élève de Francesco da Ponte, son père, puis de Bonifazio, et devint chef d'une école qui fut longtemps soutenue par ses quatre fils, Francesco, Leandro, Gio. Batista et Girolamo.

867. L'entrée des animaux dans l'arche.

Haut. 1 m. 02 c. — Larg. 1 m. 21 c.

868. Le frappement du rocher.

On remarque Moïse et Aaron sur le troisième plan

Haut. 0 m. 93 c. — Larg. 1 m. 11 c.

869. L'adoration des bergers.

La Vierge, à genoux près de l'Enfant-Jésus couché dans la crèche, lève le lange qui le couvre pour l'offrir à l'adoration des bergers.

Haut. 1 m. 26 c. — Larg. 1 m. 0 c.

870. Les noces de Cana.

Haut. 1 m. 52 c. — Larg. 1 m. 14 c.

871. Jésus succombe sous le poids de la croix.

Haut. 1 m. 33 c. — Larg. 1 m. 87 c.

372. Les apprêts de la sépulture de Jésus.

Les saintes femmes et saint Jean pleurent Jésus mort, qui va être enseveli par Nicodême et Joseph d'Arimathie.

Haut. 1 m. 54 c. — Larg. 2 m. 25 c.

873. Travaux de la campagne pendant la vendange.

Haut. 0 m. 97 c. — Larg. 1 m. 19 c.

874. Portrait de Jean de Bologne, sculpteur célèbre, né à Douai en 1524, mort en 1608.

Haut. 0 m. 61 c. — Larg. 0 m. 52 c.

BATONI (CAV. POMPEO), *né à Lucques en 1708, mort à Rome en 1787. (Ecole romaine.)*

Il fut élève de Gio. Domenico Brugieri, de Gio. Dom. Lombardi, et se perfectionna en étudiant les ouvrages de Raphaël.

875. La Vierge, les yeux baissés et les mains croisées sur la poitrine.

Haut. 0 m. 47 c. — Larg. 0 m. 37 c.

BELLIN (GIOVANNI BELLINI), *né en 1426, mort vers 1516; élève de Jacques Bellin, son père. (Ecole vénitienne.)*

876. La Vierge et l'Enfant-Jésus.

L'Enfant Jésus est dans les bras de la Vierge; on remarque à sa gauche saint Sébastien percé de flèches.

Haut. 0 m. 74 c. — Larg. 0 m. 85 c.

377. Réception d'un ambassadeur de Venise à Constantinople.

Haut. 1 m. 18 c. — *Larg.* 2 m. 03 c.

378. Portraits de Jean et de Gentil Bellin.

Tous deux sont coiffés d'une toque; les cheveux de Jean sont noirs, et ceux de Gentil sont roux. Ce dernier était né en 1421, et mourut en 1501.

Haut. 0 m. 44 c. — *Larg.* 0 m. 63 c.

BELTRAFFIO (Giovanni Antonio), *né en 1467, mort en 1516; élève de Léonard de Vinci.* (Ecole milanaise.)

379. La Vierge et l'Enfant-Jésus.

Ils reçoivent les hommages de Girolamo Cesiqui leur est présenté par saint Jean-Baptiste, et ceux de Giacommo son fils, dont la couronne de lauriers annonce les talens poétiques. Près de lui saint Sébastien est attaché à un arbre.

Haut. 1 m. 86 c. — *Larg.* 1 m. 84 c.

BERRETTINI, *voir* Pietre de Cortone.

BETTI (Bernardino), *voir* Pinturicchio.

BIANCHI FERRARI (Francesco), *dit* il Frari, *florissait en 1481, et mourut en 1510.* (Ecole de Modène.)

380. La Vierge et l'Enfant-Jésus.

La Vierge, assise sur un trône élevé, tient l'Enfant-Jésus sur ses genoux; elle est accompagnée de saint Benoît et de saint Quentin qui sont debout, et de deux anges assis sur la première marche du trône. Le fond représente une galerie ouverte sur la campagne et soutenue par des pilastres décorés d'arabesques.

Haut. 2 m. 10 c. — *Larg.* 1 m. 38 c.

BOLOGNESE (Gio Francesco Grimaldi, *dit* le), *né en* 1606, *mort en* 1680. (École bolonaise.)

Il fut peintre et architecte, et suivit le style des Carrache, dont il était parent.

381. Paysage.

Sur le devant du tableau, trois femmes à demi-nues sortent du bain.

Haut. 0 m. 33 c. — *Larg.* 0 m. 42 c.

382. Paysage.

Sur un plan éloigné, un marinier paraît engager deux femmes à entrer dans sa barque.

Haut. 0 m. 34 c. — *Larg.* 0 m. 42 c.

383. Paysage.

On voit sur le devant deux femmes, trois enfans, et un jeune homme assis, et sur le deuxième plan, une barque contenant cinq personnes.

Haut. 0 m. 34 c. — *Larg.* 0 m. 42 c.

384. Paysage.

Les figures du premier plan représentent des femmes occupées à laver du linge ou à emporter celui qu'elles ont nettoyé.

Haut. 0 m. 57 c. — *Larg.* 0 m. 68 c.

Ce tableau est attribué par quelques auteurs à Annibal Carrache.

BONACORSI, *voir* Perino del Vaga.

BONIFAZIO, *né à Vérone en 1491, mort en 1543.*
(Ecole vénitienne.)

Il a été élève de Palme, selon Ridolphi, et selon Boschini, du Titien, auquel on attribue quelquefois ses ouvrages.

885. La résurrection de Lazare.

Haut. 1 m. 83 c. — Larg. 2 m. 82 c.

BONINI (Girolamo), dit Anconitano, *du nom d'Ancône sa patrie ; fut l'élève et l'ami de l'Albane. Il vivait en 1660.* (Ecole bolonaise.)

886. Le Christ flagellé, couronné d'épines et adoré par les anges.

Saint Sébastien et saint Bonaventure montrent aux spectateurs l'état déplorable du Messie.

Haut. 2 m. 48 c. — Larg. 1 m. 78 c.

BONVICINO (Alexandre), *dit* IL Moretto da Brescia, *du nom de sa patrie, peignait dès l'an 1516, et vivait encore en 1547 ; élève du Titien.* (Ecole vénitienne.)

887. Saint Bernardin de Sienne et saint Louis, évêques de Toulouse et de Pamiers.

Haut. 1 m. 13 c. — Larg. 0 m. 60 c.

888. Saint Bonaventure et saint Antoine de Padoue.

Haut. 1 m. 1 c. — Larg. 0 m. 60 c.

BONZI (Pietro Paolo), *voir* Gobbo.

BORDONE (Paris), *né à Trévise en 1500, mort en 1570. (Ecole vénitienne.)*

Il fut élève du Titien, et plus encore l'imitateur du Giorgion.

889. Vertumne et Pomone.

Haut. 1 m. 30 c. — Larg. 1 m. 24 c.

890. Portrait d'homme.

Il porte barbe, est vêtu d'une robe fourrée, tient une lettre de la main droite et pose la gauche sur une table.

Haut. 1 m. 07 c. — Larg. 0 m. 86 c.

891. Portraits présumés de Philippe II, roi des Espagnes, et de son précepteur.

Tous deux portent la main sur un globe, soit pour désigner la vaste domination à laquelle ce prince était appelé, soit pour faire connaître sa grande aptitude aux mathématiques, dont l'histoire a conservé le souvenir.

Haut. 1 m. 15 c. — Larg. 0 m. 83 c.

BOSELLI (Antonio), *de la vallée dite Brembana, est présumé par l'historien Lanzi être le même artiste qu'Antonio Bosello, dont on voit des ouvrages à Bergame. Il florissait dès l'année 1509, et l'on croit qu'il eut part aux peintures exécutées à Ceneda par Pomponio Amalteo da San Vito, pendant les années 1534, 1535 et 1536. (Ecole vénitienne.)*

892

1° Sainte Cécile.

Haut. 0 m. 26 c. — Larg. 0 m. 33 c.

2° Sainte Agnès.

Haut. 0 m. 26 c. — Larg. 0 m. 33 c.

3° Sainte Marie-Madeleine.

Haut. 0 m. 26 c. — Larg. 0 m. 33 c.

4° Sainte Barbe.

Haut. 0 m. 26 c. — Larg. 0 m. 33 c.

Ces quatre ouvrages sont réunis dans un seul cadre.

BOTTICELLI (Sandro-Filippo ou Feli Pepi), florentin, *né en 1437, mort en 1515.*

393. La Vierge, l'Enfant-Jésus et quatre anges.
Haut. 1 m. 14 c. — Larg. 1 m. 14 c.

394. La Sainte-Famille.
Haut. 0 m. 93 c. — Larg. 0 m. 69 c.

BRONZINO (Angiolo), florentin, *vivait en 1567.*

395. Le Christ apparaît à la Madeleine.

Après sa résurrection, Jésus-Christ apparaît à la Madeleine, qui se jette à ses pieds. Le Sauveur lui dit : « Ne me touchez pas, car je ne suis point encore » monté vers mon père. » A la vue du Christ, deux saintes femmes, placées près de la Madeleine, témoignent leur étonnement. Dans le fond, on aperçoit le Calvaire, la ville de Jérusalem, et près du sépulcre un ange annonçant à Marie-Madeleine et à ses compagnes que Jésus est ressuscité.
Haut. 2 m. 91 c. — Larg. 1 m. 95 c.

BRUSASORCI (Felice Riccio, *dit* il), *né à Vérone en 1540, mort en 1605; élève de Jacopo Ligozzi* (École vénitienne.)

396. Sainte-Famille.

La Vierge et saint Joseph reçoivent les hommages de sainte Ursule, qui présente une colombe à Jésus.
Haut. 0 m. 87 c. — Larg. 0 m. 97 c.

CALABRESE (Mattia Preti, *dit* le), *né à Taverna dans le royaume de Naples, en 1613, mort à Malte en 1699; élève du Guerchin.* (École napolitaine.)

397. Saint Paul et saint Antoine, ermites.
Haut. 1 m. 79 c. — Larg. 1 m. 25 c.

CALDARA, *voir* Polidore de Caravage.

CALIARI (Paolo), *voir* Paul Véronèse.

CAMPI (Bernardino), *né à Crémone en 1522, v vait encore en 1590 ; élève de Giulo Campi, à Crémone, et d'Ippolito Costa, à Mantoue. (Ecole de Crémone.)*

898. La Vierge pleure son fils mort, étendu à ses pieds.

Haut. 1 m. 63 c. — Larg. 1 m. 60 c.

CANALETTO (Antonio Canal, *dit*), *né à Venise en 1597, mort en 1668, élève de Bernardo Canal, son père. (École vénitienne).*

899. Vue de l'église et de la place Saint-Marc à Venise.

Haut. 0 m. 50 c. — Larg. 0 m. 83 c.

900. Vue du palais ducal à Venise, du côté de la mer.

Dans le lointain, on aperçoit la douane de mer et l'église dite *la Madona della Salute.*

Haut. 0 m. 50 c. — Larg. 0 m. 83 c.

901. Vue de l'église dite *la Madona della Salute*, à Venise.

Elle fut élevée en accomplissement d'un vœu formé par le sénat pour la cessation de la peste qui ravageait Venise en 1630. La première pierre fut posée par le doge Nicolas Contarini, en 1631.

Haut. 1 m. 24 c. - Larg. 2 m. 13 c.

CANTARINI, *voir* Pésarèse.

CARAVAGE (Michelangiolo Amerighi *ou* Morigi dit le), *né en 1569, mort en 1609 à Porto Ercole.*(Ecole romaine.)

Le Caravage doit son nom au lieu de sa naissance, qui est situé en Lombardie ; il se forma sur les ouvrages du Giorgion, et devint à Rome le chef d'une école nouvelle.

902. La mort de la Vierge.

La Vierge est sur son lit funèbre. Les apôtres sont plongés dans la tristesse; et sur le premier plan, une femme assise paraît absorbée dans la plus vive douleur.

Haut. 3 m. 69 c. — Larg. 2 m. 45 c.

903. Une jeune femme dit la bonne aventure à un jeune homme.

Haut. 0 m. 99 c. — Larg. 1 m. 31 c.

904. Portrait en pied d'Adolphe de Vignacourt, grand-maître de Malte en 1601.

Il est couvert de ses armes et suivi d'un page qui porte son casque.

Haut. 1 m. 95 c. — Larg. 1 m. 34 c.

905. Un concert.

A la chute du jour, des musiciens italiens forment un concert en l'honneur de la Vierge , selon la coutume du pays.

Haut. 1 m. 21 c. — Larg. 1 m. 72 c.

Ce tableau est attribué à un élève du Caravage.

CARDI, *voir* Cigoli.

CARPACCIO (Vittore), *vivait en* 1522. (Ecole vénitienne.)

906. Prédication de saint Etienne.

Saint Etienne annonce l'évangile; rempli de l'esprit divin et monté sur un autel consacré à l'erreur, au milieu de Jérusalem, il confond, par la sagesse de ses discours, les sénateurs de la synagogue des affranchis, les Cyrénéens, les Alexandrins, les Ciliciens et les peuples de l'Asie.

Haut. 1 m. 52 c. — *Larg.* 1 m. 95 c.

CARPACCIO (attribué à).

907. Portrait d'homme.

Sa tête est couverte d'une toque; la suscription de la lettre qu'il tient à la main fait présumer qu'il se nommait *Leonardo di Salla*.

Haut. 0 m. 69 c. — *Larg.* 0 m. 53 c.

908. Portrait de femme vêtue de rouge.

Elle tient de la main droite son collier et de la gauche des gants. Les lettres C. A. qui s'entrelacent, et B. I. qui se croisent et divisent en plusieurs parties le bandeau de ses cheveux, semblent indiquer les initiales de ses nom et prénoms.

Haut. 0 m. 69 c. — *Larg.* 0 m. 53 c.

CARRACHE (Annibal Carracci), *né à Bologne en 1560, mort à Rome en 1609 ; disciple de Louis Carrache, son cousin.* (Ecole bolonaise.)

909. Paysage.

L'ange du Seigneur arrête le bras d'Abraham prêt à immoler son fils.

Haut. 0 m. 45 c. — *Larg.* 0 m. 34 c.

910. Paysage.

Joab perce de sa lance Absalon retenu par sa chevelure

à un arbre : il fuyait dans la forêt d'Ephraïm après la
défaite de ses troupes par celles du roi David , son
père.

Haut. o m. 45 c. — Larg. o m. 34 c.

911. Naissance de la Vierge.

Le Père-Eternel, du sein de sa gloire, préside à la
naissance de la Vierge : elle est entre les mains des femmes, qui s'empressent de lui donner les premiers soins ;
sur un plan plus éloigné et plus élevé , on aperçoit sainte
Anne dans son lit , recevant les félicitations de ses parens
et de ses amis.

Haut. 2 m. 74 c. — Larg. 1 m. 55 c.

912. L'annonciation.

La Vierge, à genoux sur un prie-dieu, la main sur la
poitrine, témoigne son entière résignation. L'ange , soutenu sur ses ailes, une tige de lis à la main , montre le
Saint-Esprit et l'Éternel, dont il vient exécuter le message.

Haut. o m. 34 c. — Larg. o m. 27 c.

913. La nativité.

La hiérarchie céleste célèbre par ses cantiques la naissance de Jésus ; elle s'unit à la Vierge, à saint Joseph et
aux bergers pour l'adorer. Effet de jour.

Haut. 1 m. o3 c. — Larg. o m. 83 c.

914. La nativité.

La splendeur qui émane de Jésus éclaire l'étable qui
lui sert d'asile. Les anges célèbrent sa naissance par leurs
chants , et la Vierge le présente à l'adoration des bergers. Effet de nuit.

Haut. o m. 42 c. — Larg. o m. 30 c.

915. La Vierge aux Cerises.

La Vierge tient sur ses genoux l'Enfant Jésus ; saint
Joseph lui soutient la main et lui donne des cerises.

Haut. 1 m. 20 c. — Larg. o m. 97 c.

916. Le silence.

La Vierge recommande le silence à saint Jean, pour ne pas troubler le repos de Jésus. M. R.

Haut. o m. 38 c. — Larg. o m. 47 c.

917. Apparition de la Vierge, de l'Enfant-Jésus et des évangélistes à saint Luc, peintre, et à sainte Catherine d'Alexandrie.

Haut. 4 m. o1 c. — Larg. 2 m. 26 c.

918. Prédication de saint Jean-Baptiste dans le désert.

Haut. o m. 40 c. — Larg. o m. 52 c.

919. Le Christ mort.

Jésus repose sur les genoux de la Vierge ; la Madeleine, debout et appuyée sur le sépulcre, essuie avec ses cheveux les pleurs dont ses joues sont inondées. Saint François d'Assise, les bras croisés sur la poitrine, considère les plaies du Christ que les anges arrosent de leurs larmes.

Haut. 2 m. 77 c. — Larg. 1 m. 87 c.

920. Jésus mort, pleuré par les trois Maries, Nicodême et saint Jean.

Haut. o m. 43 c. — Larg. o m. 31 c.

921. Résurrection du Christ.

Environné de la milice céleste, Jésus ressuscité s'élève vers le ciel ; les gardes sont saisis d'épouvante : l'un d'eux, couché sur le couvercle du monument, est encore livré au sommeil ; plus loin un soldat indique au personnage qui l'accompagne que les scellés sont intacts.

Haut. 2 m. 17 c. — Larg. 1 m. 60 c.

922. Résurrection du Christ.

Haut. o m. 40 c. — Larg. o m. 30 c.

Répétition du tableau précédent avec quelques changemens.

923. La Madeleine.

Haut. 1 m. 48 c. — Larg. 1 m. o5 c.

924. Martyre de saint Etienne. M. R.

Haut. o m. 5o c. — Larg. o m. 67 c.

925. Martyre de saint Etienne. M. R.

Haut. o m. 40 c. — Larg. o m. 53 c.

926. Saint Sébastien attaché à un tronc d'arbre, et percé de flèches.

On voit à ses pieds son armure, ses vêtemens, et dans le lointain les soldats qui retournent à Rome après l'exécution de la sentence prononcée contre lui.

Haut. 1 m. 31 c. — Larg. o m. 96 c.

927. Paysage.

Un ermite a exposé des *ex voto* auprès de l'image de saint Antoine pour exciter la charité des passans.

Haut. o m. 3o c. — Larg. o m. 37 c.

928. Hercule enfant.

Il étouffe les serpens envoyés par Junon pour le faire mourir.

Haut. o m. 17 c. — Larg. o m. 14 c.

Ce tableau a été quelquefois attribué à Augustin Carrache.

929. Diane découvre la faiblesse de Calysto.

Haut. 1 m. 61 c. — Larg. 2 m. o5 c.

Le paysage est de Paul Bril.

950. Concert sur l'eau.

Sur le devant, une barque conduite par deux mariniers contient trois femmes et un jeune homme qui fait
de la musique.

Haut. o m. 40 c. — Larg. o m. 52 c.

951. Les plaisirs de la pêche.

Haut. 1 m. 36 c. — Larg. 2 m. 53 c.

952. Les plaisirs de la chasse.

Haut. 1 m. 36 c. — Larg. 2 m. 53 c.

953. Paysage orné d'un grand nombre de figures.

On remarque, sur le premier plan, des jeunes gens
jouant aux dés, et plus loin des baigneurs.

Haut. o m. 80 c. — Larg. 1 m. 04 c.

954. Portrait d'un savant.

Sa tête est nue, sa barbe terminée en pointe ; la
main droite tient un écrit, la gauche une tête de
mort.

Haut. 1 m. 10 c. — Larg. o m. 90 c.

CARRACHE (Antonio Marziale), *né en 1583, mort
à Rome en 1618 ; fils naturel et élève d'Augustin Carrache.* (Ecole bolonaise.)

955. Le déluge.

Des hommes, des femmes de différens âges, des enfans
expriment la frayeur qui les agite. Les uns lèvent les bras
vers le ciel, montent sur les arbres, gravissent les rochers ;
les autres gagnent un bateau presque englouti, ou se
saisissent d'un cheval, qui sera bientôt submergé avec
eux.

Haut. 1 m. 66 c. — Larg. 2 m. 47 c.

CARRACHE (Ludovico Carracci), *né à Bologne*

en 1555, mort en 1619; élève de Prospero Fontana à Bologne, du Tintoret à Venise, et selon quelques auteurs, du Passignano à Florence. (École bolonaise.)

956. La salutation angélique.

Gabriel, à genoux sur des nuages, une tige de lis à la main, indique le ciel et s'acquitte du message dont il est chargé. La Vierge, à genoux sur un prie-dieu, témoigne sa résignation. Dans la partie supérieure, un chœur d'anges célèbre par ses concerts cet heureux événement.

Haut. o m. 48 c. — Larg. o m. 34 c.

957. La nativité.

Des anges répandent des fleurs sur Jésus qui vient de naître ; la Vierge le contemple. Saint Joseph soulève le voile qui le couvre pour satisfaire la curiosité des bergers.

Haut. o m. 37 c. — Larg. o m. 51 c.

958. La Vierge et l'Enfant-Jésus.

La Vierge tient de la main gauche l'Enfant-Jésus, et appuie la droite sur un livre. M. R.

Diam. o m. 92 c.

959. Apparition de la Vierge et de l'Enfant-Jésus à saint Hyacinthe, dominicain.

La Vierge semble lui adresser ces paroles qui sont écrites en latin sur la table posée près de l'autel : « Réjouis-toi, mon fils Hyacinthe, tes prières sont agréables à mon fils, et tout ce que tu lui demanderas par moi te sera accordé. »

Haut. 3 m. 75 c. — Larg. 2 m. 23 c.

940. Jésus mort sur les genoux de la Vierge.

Haut. o m. 33 c. — Larg. o m. 25 c.

CARRUCCI, *voir* PONTORMO.

CASTIGLIONE (Giovanni Benedetto), *né à Gênes en 1616, mort à Mantoue en 1670 ; il fréquenta successivement les écoles de Paggi, de Gio. Andréa Ferrar et de Van Dyck.* (Ecole génoise.)

941. Une caravane.

A gauche du spectateur, sur un plan plus éloigné, Melchisédech, roi de Salem, offre du pain et du vin à Abraham, et le bénit.

Haut. 1 m. 06 c. — *Larg.* 1 m. 34 c.

942. Oiseaux et animaux.

On aperçoit dans le fond une caravane.

Haut. 2 m. 73 c. — *Larg.* 4 m. 14 c.

Ce tableau a souvent été désigné sous le titre du *Départ de Jacob pour la Mésopotamie.*

943. La nativité ou l'adoration des bergers et des anges.

Haut. 0 m. 68 c. — *Larg.* 0 m. 52 c.

944. Les vendeurs chassés du temple.

Haut. 1 m. 0 c. — *Larg.* 1 m. 23 c.

CAVEDONE (Jacopo), *né à Sassuolo dans le Modénois en 1577, mort en 1660 ; élève des Carrache.* (Ecole bolonaise.)

945. Sainte Cécile chante les louanges du Seigneur.

Haut. 1 m. 17 c. — *Larg.* 0 m. 90 c.

CESARI, *voir* Josépin.

CHIMENTI, *voir* Empoli.

CIGOLI (Lodovico Cardi da), *né en 1559, mort en 1613; il fut élève de Santi di Tito, et étudia les peintures du Corrège pour se perfectionner.* (Ecole florentine.)

946. La Sainte-Famille en Égypte.

Elle est guidée par un ange ; la Vierge donne le sein à l'Enfant-Jésus.

Haut. o m. 51 c. — Larg. o m. 37 c.

947. Saint François en contemplation.

Haut. o m. 79 c. — Larg. o m. 59 c.

948. Portrait d'homme.

Haut. o m. 50 c. — Larg. o m. 42 c.

CIMA DA **CONÉGLIANO** (GIO. BATISTA), *vivait en* 1517 ; *élève de Jean Bellin.* (École vénitienne.)

949. La Vierge et l'Enfant-Jésus.

La Vierge, assise sur son trône, tient un chapelet à la main et Jésus sur ses genoux. Le Sauveur se retourne pour recevoir les hommages de saint Jean-Baptiste; la Madeleine, en s'inclinant, présente à son divin maître un vase rempli de parfums. Le fond du paysage offre une vue de Conégliano.

Haut. 1 m. 70 c. — Larg. 1 m. 10 c.

CIMABUÉ (GUALTIERI GIO), florentin, *né en* 1240, *mort en* 1300.

950. La Vierge et des anges.

Haut. 4 m. 24 c. — Larg. 2 m. 76 c.

951. La Vierge et l'Enfant-Jésus.

Haut. o m. 63 c. — Larg. o m. 47 c.

COLLANTES (FRANCESCO), *né à Madrid en* 1599, *mort en* 1656 ; *élève de Carducho.* (Ecole espagnole.)

952. Le buisson ardent.

Sur le mont Horeb , dans une flamme qui sort du milieu d'un buisson, le Seigneur apparaît à Moïse, qui voit le buisson brûler sans être consumé.

Haut. 1 m. 16 c. — Larg. 1 m. 62 c.

CORRADI, *voir* Ghirlandajo.

CORREGE (Antonio Allegri *dit* le), *né à Corrégio, dans le Modénois, en 1494, mort au même lieu en 1534. (Ecole de Parme.)*

Ses maîtres sont inconnus. On sait seulement qu'il étudia avec Antonio Begarelli, sculpteur habile, dont plusieurs figures en terre cuite lui sont attribuées.

953. Mariage mystique de sainte Catherine d'Alexandrie.

Assis sur les genoux de la Vierge, Jésus, en présence de saint Sébastien, donne l'anneau nuptial à sainte Catherine d'Alexandrie. Le supplice des deux martyrs est représenté dans le fond du tableau. M. R.

Haut. 1 m. 05 c. — Larg. 1 m. 02 c.

954. Le Christ couronné d'épines.

Haut. 0 m. 54 c. — Larg. 0 m. 45 c.

955. Jupiter et Antiope.

Aux pieds d'Antiope endormie, l'Amour sommeille sur une peau de lion, symbole de la puissance de ce dieu. Jupiter, transformé en satyre, soulève la draperie qui couvre la nymphe et la contemple d'un œil passionné.

Haut. 1 m. 90 c. — Larg. 1 m. 24 c.

CORREGE (*École du*).

956. Sujet mystique.

En présence de la Vierge, de saint Joseph et de saint Dominique, saint François-d'Assise présente à Jésus les roses rouges et blanches produites en janvier par les épines sur lesquelles il s'était roulé pour résister aux tentations de l'esprit malin.

Haut. 2 m. 40 c. — Larg. 1 m. 48 c.

COSIMO DI ROSELLI, *voir* PIETRO.

COSTA (LORENZO), *peignait en 1488, mort en 1530 environ. (Ecole de Ferrare.)*

957. Couronnement d'Isabelle d'Este.

L'Amour, au milieu d'une pompe musicale, couronne Isabelle d'Este, fille d'Hercule, premier du nom, duc de Ferrare.

Haut. 1 m. 93 c. — Larg. 1 m. 58 c.

CREDI (LORENZO SCIARPELLONI DI), *né à Florence en 1453, vivait en 1531; élève d'Andrea del Verrochio (École florentine.)*

958. La Vierge présente l'Enfant-Jésus à l'adoration de saint Julien l'Hospitalier.

La Vierge est assise sur un trône décoré de pilastres chargés d'ornemens ; elle présente Jésus à l'adoration de saint Julien l'Hospitalier; de l'autre côté, saint Nicolas, évêque de Myre, s'occupe de la lecture des livres saints.

Haut. 1 m. 64 c. — Larg. 1 m. 65 c.

CRESPI (GIUSEPPE MARIA), *dit* LO SPAGNUOLO, *né à Bologne en 1665, mort en 1747.(Ecole de Bologne.)*

Il passa de l'école de Domenico Maria Canuti dans celle de Carlo Cignani, et se perfectionna par l'étude des ouvrages du Corrège, des Carrache et des maîtres vénitiens.

959. La maîtresse d'école.

Pendant que des jeunes filles étudient, causent ou travaillent, elle fait lire un jeune garçon.

Haut. 0 m. 27 c. — Larg. 0 m. 34 c.

CRETI (Donato), *né à Cremone en 1671, mort en 1749; élève de Lorenzo Pasinelli.* (Ecole bolonaise.)

960. Un enfant, couché sur un lit, tient un fruit que le sommeil n'a pu lui faire abandonner.

Haut. o m. 29 c. — *Larg.* o m. 38 c.

DANIEL DE VOLTERRE (Daniele Ricciarelli *dit*), *mort à Rome en 1566, élève du Sodoma et de Peruzzi.* (École florentine.)

961. David tuant Goliath.

D'un coup de pierre lancée avec sa fronde, David a terrassé Goliath. Il se jette sur lui, s'empare de son épée, et achève de lui ôter la vie (1).

Haut. 1 m. 33 c. — *Larg.* 1 m. 72 c.

DOLCI (Agnese), *morte après l'année 1686, a multiplié avec succès les ouvrages de Carlo Dolci, son père.* (École florentine.)

962. Le Sauveur du monde.

Jésus, devant un calice, tient un pain et semble prononcer les paroles de la consécration.

Haut. o m. 34 c. — *Larg.* o m. 26 c.

---

(1) Cette composition, peinte sous deux aspects différens sur les deux côtés d'une ardoise, fut présentée à Louis XIV comme un ouvrage de Michel Ange, par le prince de Cellamare, ambassadeur d'Espagne, au nom de son frère, monsignor del Giudice, alors clerc de la chambre apostolique. L'hommage dut paraître d'autant plus précieux, que les amateurs instruits reconnaissent souvent dans les tableaux à l'huile attribués à Michel-Ange, son goût de composition et de dessin, mais n'y retrouvent pas son pinceau avec la même certitude. Ils ne pouvaient oublier la répugnance que cet homme singulier avait pour la peinture à l'huile, et ils ne tardèrent pas à restituer ce double tableau à Daniel de Volterre, en appuyant leur décision du témoignage de Vasari, auteur contemporain. En effet, cet historien rapporte que monsignor Gio della Casa, prélat florentin, célèbre par ses ouvrages, desirant écrire un Traité sur la peinture, voulut auparavant connaître toutes les ressources de cet art; il engagea Daniel à modeler en terre le groupe de David terrassant Goliath, puis à représenter en peinture les deux faces opposées du modèle qui servit à former le tableau double. A la mort de monsignor della Casa, cet ouvrage passa entre les mains de son neveu, Annibal Rucellai. De nouveaux possesseurs l'attribuèrent depuis à Michel-Ange pour en rehausser le prix.

DOMINIQUIN (Domenico Zampieri *dit le*), *né à Bologne en 1581, mort en 1641. (École bolonaise.)*

Il passa de l'école de Denis Calvart, peintre flamand, dans celle des Carrache.

963. Le Seigneur reproche à Adam sa désobéissance.

Haut. 0 m. 95 c. — Larg. 0 m. 75 c.

964. David jouant de la harpe.

Le roi-prophète joue de la harpe en portant ses regards vers le ciel ; un ange lui présente la sainte écriture : elle lui inspire les louanges du Seigneur, qu'un jeune enfant s'occupe à transcrire. M. R.

Haut. 2 m. 40 c. — Larg. 1 m. 70 c.

965. Sainte-Famille.

La Vierge, assise près d'une source, reçoit de l'eau dans une coquille ; son fils donne un fruit au jeune précurseur, et saint Joseph prend soin du bagage.

Haut. 0 m. 36 c. — Larg. 0 m. 48 c.

966. Paysage.

Le sujet principal du tableau représente la fuite de la Sainte-Famille en Égypte ; on y remarque une barque, des musiciens, un berger et son troupeau.

Haut. 1 m. 65 c. — Larg. 2 m. 12 c.

Cet ouvrage, classé parmi les productions du Dominiquin, a quelquefois été attribué à Annibal Carrache.

967. Le ravissement de saint Paul.

Haut. 0 m. 50 c. — Larg. 0 m. 37 c.

968. La Vierge et l'Enfant-Jésus.

La Vierge, environnée de gloire, apparaît à saint

François-d'Assise et lui confie l'Enfant-Jésus : le saint, agenouillé, reçoit avec respect ses caresses.

Haut. o m. 43 c. — Larg. o m. 36 c.

969. Sainte Cécile chante les louanges du Seigneur.

Un ange tient devant elle un livre de musique. M. R.

Haut. 1 m. 59 c. — Larg. 1 m. 17 c.

970. Enée et Anchise.

Accompagné du jeune Ascagne, Enée a mis sur ses épaules son père Anchise. Le vieillard reçoit les dieux pénates sauvés de l'incendie de Troie, qui lui sont présentés par Créüse, épouse du pieux Énée. M. R.

Haut. 1 m. 94 c. — Larg. 1 m. 33 c.

971. Hercule et Achéloüs.

En présence d'OEnée, roi de Calydon, et père de Déjanire, Hercule a terrassé Achéloüs, qui, pour se dérober à la fureur de son rival, s'est métamorphosé en taureau.

Haut. 1 m. 20 c. — Larg. 1 m. 49 c.

972. Hercule et Cacus.

En vain Cacus, pour cacher ses rapines, a fait entrer à reculons les bœufs d'Hercule dans sa caverne. Ce demi-dieu l'a déjà atteint, et l'entraîne par le pied hors de son repaire. Evandre et Faunus, qui volaient au secours du fils de Jupiter, sont les témoins de son triomphe.

Haut. 1 m. 20 c. — Larg. 1 m. 49 c.

973. Thimoclée amenée devant Alexandre.

Pendant le pillage de la ville de Thèbes, en Béotie, des soldats thraces amenèrent Thimoclée devant Alexandre ; elle avait lapidé leur capitaine, qui, après l'avoir outragée, était imprudemment descendu dans un puits dans l'espoir d'y trouver des trésors. Alexandre, étonné de la contenance et du courage de Thimoclée, ordonne qu'elle soit mise en liberté avec ses enfans.

Haut. 1 m. 13 c. — Larg. 1 m. 49 c.

974. Le triomphe de l'Amour.

L'Amour, assis sur son char, tient de la main droite son arc, et guide avec l'autre deux colombes attelées; près de lui un enfant ailé répand des fleurs, un second en détache quelques-unes de la couronne qui entoure la figure principale.

Haut. 0 m. 49 c.   Larg. 0 m. 41 c.

On pense que les fleurs ont été peintes par Mario de Fiori; on les attribue également à Daniel Seghers, plus connu sous le nom du *jésuite d'Anvers.*

975. Renaud et Armide.

Tout entière à sa passion, Armide se pare pour plaire à l'objet de ses amours. Cependant, aux pieds de Renaud, un amour endormi, un flambeau près de s'éteindre, font présager la fin de l'enchantement. Ubalde et le chevalier danois, écartant le feuillage, n'attendent que l'instant propice pour dessiller les yeux du guerrier.

Haut. 1 m. 21 c. — Larg. 1 m. 68 c.

976. Paysage.

Arrivée d'Herminie chez le berger.

Haut. 1 m. 23 c. — Larg. 1 m. 81 c.

DONDUCCI, *voir* MASTELLETTA.

DOSSI DOSSO, *mort en* 1560; *élève de Lorenzo Costa.*
(École ferraraise.)

977. La circoncision.

Jésus dans les bras de sainte Anne, paraît effrayé à la vue de l'instrument tranchant qui est dans les mains du grand-prêtre.

Haut. 0 m. 35 c.   Larg. 0 m. 49 c.

8*

978. Sainte-Famille.

La Vierge, saint Joseph, deux anges et saint Joachim adorent l'Enfant-Jésus couché à terre sur une draperie.

Haut. 1 m. 50 c. — Larg. 2 m. 37 c.

979. Sainte-Famille.

Saint Joseph contemple avec attention l'Enfant-Jésus qui caresse la Vierge Marie.

Haut. 0 m. 44 c. — Larg. 0 m. 30 c.

DUGHET (Gasparo), *voir* Gaspre.

ECOLE BYSANTINE.

980. La Vierge et l'Enfant-Jésus.

Haut. 0 m. 56 c. — Larg. 0 m. 41 c.

981. La Vierge et l'Enfant-Jésus.

Haut. 0 m. 38 c. — Larg. 0 m. 33 c.

982. La Vierge et l'Enfant-Jésus.

Haut. 0 m. 91 c. — Larg. 0 m. 70 c.

ECOLES D'ITALIE.

983. Judith tenant la tête d'Holopherne.

Elle médite avec sa suivante son retour à Béthulie.

Haut. 1 m. 14 c. — Larg. 0 m. 92 c.

Ce tableau est attribué à Manfredi.

984. L'ange du Seigneur apparaît à saint Pierre dans la prison.

« Pendant que Pierre était gardé dans la prison, l'ange » du Seigneur parut et remplit le lieu de lumière ; et,

» poussant saint Pierre par le côté, il l'éveille et lui dit :
» Levez-vous promptement. Au même instant les chaînes
» tombèrent de ses mains, etc. » (*Actes des Apôtres.*)

Haut. 1 m. 19 c. — *Larg.* 1 m. 89 c.

Tableau attribué à l'un des élèves du Caravage; quelques auteurs pensent qu'il pourrait être de Valentin.

985. Reniement de saint Pierre.

Saint Pierre a renié son maître devant la servante du grand-prêtre ; un soldat le reconnaît, le menace, et porte la main sur son épée.

Haut. 1 m. 19 c. — *Larg.* 1 m. 67 c.

Ce tableau, attribué à l'école du Calabrèse et à celle de Valentin, a été quelquefois donné à Manfredi.

986. Des anges servent des fruits à Jésus et à la Sainte-Famille.

Haut. 0 m. 69 c. — *Larg.* 0 m. 54 c.

On a souvent attribué ce tableau à M. A. Anselmi et à un peintre de l'école de Perino del Vaga dont on ne dit pas le nom. Il a été également annoncé dans le catalogue de Mariette sous le nom du Garofolo.

987. Portrait de femme.

Son costume indique une habitante de la Sabine ; elle tient un panier rempli de fleurs.

Haut. 0 m. 98 c. — *Larg.* 0 m. 74 c.

988. Portrait de Michel-Ange.

Haut. 0 m. 50 c. — *Larg.* 0 m. 36 c.

989. Saint François et sainte Thérèse.

Haut. 0 m. 38 c. — *Larg.* 0 m. 31 c.

990. Saint Jérôme.

Haut. 0 m. 39 c. — *Larg.* 0 m. 81 c.

ECOLE VÉNITIENNE.

991. Trois prophètes.

Celui du milieu paraît être Isaïe. Il tient une banderolle sur laquelle on lit en latin ce premier verset du chapitre XI du prophète : « Il sortira un rejeton » de la tige de Jessé, et une fleur naîtra de sa ra- » cine. »

Haut. o m. 55 c. — Larg. o m. 93 c.

992. Tête d'homme portant barbe.

Haut. o m. 58 c. — Larg. o m. 46 c.

993. Portrait de César Borgia, second fils naturel du pape Alexandre IV.

Haut. o m. 95 c. — Larg. o m. 77 c.

Ce tableau est attribué au Giorgion.

994. Portrait d'un vieillard.

La tête est couverte d'une toque, et la couleur de la barbe tire sur le roux.

Haut. o m. 65 c. — Larg. o m. 52 c.

995. Portrait d'homme.

Sa tête est couverte d'une toque; il porte la main droite à son habit, et tient des gants dans la main gauche.

Haut. o m. 65 c. — Larg. o m. 52 c.

EMPOLI (Jacopo Chimenti da), *né en 1554, mort en 1640. (École florentine.)*

Il fut élève de Tommaso da San Friano, et se perfectionna en étudiant les ouvrages d'Andrea del Sarto.

996. La Vierge et l'Enfant-Jésus.

Accompagnés de deux anges, la Vierge et l'Enfant-

Jésus apparaissent à l'évangéliste saint Luc et à saint Yves, patron des avocats.

Haut. 2 m. 40 c. — Larg. 1 m. 82 c.

ESPAGNOLET (JOSEF *ou* JUSEPE DE RIBERA, *dit* L'), *né en* 1588, *mort en* 1656. (École espagnole.)

L'Espagnolet était natif de Xavita, nomme au-jourd'hui Saint-Félipe, près de Valence; il étudia en Espagne sous Francisco Ribalta, et à Rome sous M.-A. de Caravage.

997. L'adoration des bergers.

Un agneau, emblême de Jésus–Christ, est déposé sous la crêche du Sauveur.

Haut. 2 m. 38 c. — Larg. 1 m. 79 c.

Le tableau porte cette signature : *Jusepe Ribera, espagnol academico romano, f.* 1650

ESTEBAN, *voir* MURILLO.

FABRIANO (GENTILE DA), *vivait en* 1425, *et mourut octogénaire.* (École romaine.)

998. La présentation au temple.

Sous le péristyle du temple de Jérusalem, le bien-heureux Siméon, accompagné de la prophétesse Anne, a reçu dans ses bras le divin enfant et béni le Seigneur. Il le rend à sa mère venue pour accomplir ce qui est ordonné par la loi. Elle est suivie de saint Joseph, apportant deux jeunes colombes.

Haut. 0 m. 26 c. — Larg. 0 m. 61 c.

FACIS (Angelus de), *vivait en 1477.*

999
1° Le Christ apparaissant à la Madeleine.
Haut. 1 m. 26 c. — Larg. 0 m. 71 c.

2° Saint Pierre, martyr, et saint François.
Haut. 1 m. 16 c. — Larg. 0 m. 53 c.

5° Saint Antoine de Padoue et saint Nicolas.
Haut. 1 m. 16 c. — Larg. 0 m. 53 c.

4° La Vierge à genoux.
Haut. 0 m. 65 c. — Larg. 0 m. 30 c.

5° L'ange Gabriel.
Haut. 0 m. 65 c. — Larg. 0 m. 30 c.

6° Le Christ en croix.
Haut. 0 m. 70 c. — Larg. 0 m. 41 c.

Ces six sujets sont renfermés dans le même cadre.

FASSOLO DA **PAVIA** (Bernardino), *vivait en 1518.*
(École milanaise.)

1000. La Vierge, assise sur son trône, tient son fils dans ses bras.
Haut. 1 m. 38 c. — Larg 0 m. 85 c.

Ce tableau porte le nom du maître avec la date de 1518.

FERRARI (Gaudenzio), *né en 1484 à Valdugia, vallée de la Sesia, mort en 1550. (École milanaise.)*

On lui donne plusieurs maîtres : les plus connus sont le Pérugin et Bernardino da Levino.

1001. Saint Paul en méditation.

Un livre est ouvert devant lui sur un pupitre. Au milieu d'un paysage , que le vide de la fenêtre permet d'apercevoir, le peintre a représenté la miraculeuse conversion de l'apôtre des Gentils.

Haut. 2 m. o c. — Larg. 1 m. 47 c.

Au bas du pupitre on lit l'année de l'exécution du tableau, 1543, et le nom latinisé de l'auteur , *Gaudentius.*

FETI (DOMENICO), *né à Rome en* 1589, *mort en* 1624; *élève du Cigoli.* (École romaine.)

1002. L'empereur Néron.

Haut. 1 m. 52 c. — Larg. 1 m. 12 c.

1003. L'ange gardien conduisant un jeune homme.

Il lui montre le ciel et le préserve des embûches de l'esprit des ténèbres, qui va rentrer dans le gouffre infernal.

Haut. 2 m. 92 c. — Larg. 1 m. 88 c.

1004. La mélancolie.

Une femme à genoux, le bras droit appuyé sur un massif de pierre, soutient sa tête de la main gauche, et considère attentivement une tête de mort. A ses pieds sont différens attributs des sciences et des arts auprès d'un chien à l'attache.

Haut. 1 m. 72 c. — Larg. 1 m. 28 c.

Feti a répété plusieurs fois cette composition.

1005. La vie champêtre, ou l'homme condamné au travail.

Haut. 1 m. 01 c. — Larg. o m. 86 c.

FIESOLE (FRA GIOVANNI DA), *né vers l'an* 1387. (École florentine.)

Son nom était Santi Tosini avant qu'il entrât dans l'ordre de saint Dominique. Il a été le contemporai de Masaccio et de Gentile da Fabriano, et non leur élève, si toutefois les dates de leurs naissances sont certaines. Il travaillait encore en 1457 pour la cathédrale d'Orviéro.

1006. Le couronnement de la Vierge.

En présence de la hiérarchie céleste, la Vierge, prosternée aux pieds de Jésus-Christ, reçoit de son fils la couronne immortelle.

Haut. 2 m. 12 c. — Larg. 2 m. 09 c.

Pour désiguer avec précision les élus représentés, Fra Giovani, selon la coutume du temps, a écrit le nom des uns autour de l'auréole ou sur les bords de l'habit, et donné aux autres les symboles qui servent à les faire reconnaître.

Les sept petits tableaux, placés au-dessous du tableau principal, offrent plusieurs traits de la vie de saint Dominique :

1° La vision du Pape Innocent III. Pendant son sommeil, saint Dominique lui apparaît soutenant de toutes ses forces l'église de Saint-Jean-de-Latran, à Rome, près de s'écrouler.

Haut. 0 m. 29 c. — Larg. 0 m. 30 c.

2° Saint Dominique ayant obtenu, en 1216, la confirmation de l'ordre des frères prêcheurs, faisait sa prière dans l'église de Saint-Pierre à Rome, lorsqu'il vit venir à lui saint Pierre et saint Paul ; le premier lui donnait un bâton, le deuxième un livre, en lui disant : « Va prêcher ; Dieu t'a choisi pour ce ministère. » Le fond représente l'intérieur de l'ancienne basilique de Saint Pierre.

Haut. 0 m. 29 c. — Larg. 0 m. 30 c.

3° Le neveu du cardinal Étienne de Fosse-Neuve, se promenant dans Rome, à cheval, tomba sur le pavé et se tua ; mais saint Dominique, à la prière du cardinal et de Tancrède, frère prêcheur, le ressuscita.

Haut. 0 m. 29 c — Larg. 0 m. 2 c

4° La Vierge et saint Jean assis près des instrumens de la passion et du tombeau qui renfermait le corps de Jésus avant sa résurrection.

Haut. o m. 29 c. — Larg. o m. 24 c.

5° Les Albigeois ayant jeté au feu l'ouvrage de saint Dominique où il réfutait leurs erreurs, le livre en sortit de lui-même à trois fois sans être endommagé.

Haut. o m. 29 c. — Larg. o m. 30 c.

6° Au rapport des légendaires, saint Dominique n'ayant point de quoi nourrir ses disciples, les faisait cependant asseoir à table, et les anges leur apportaient en abondance la nourriture nécessaire.

Haut. o m. 29 c. — Larg. o m. 30 c.

7° Avant de mourir, saint Dominique aperçoit dans une vision la Vierge entourée d'anges, qui attendaient son âme pour la guider vers son créateur.

Haut. o m. 29 c. — Larg. o m. 30 c.

FILIPPI *ou* **FILIPEPI**, *voir* BOTTICELLI.

FRA BARTOLOMMEO (DELLA PORTA IL FRATE), *né à Florence en 1469, mort en 1517. (Ecole florentine.)*

Avant son entrée dans l'ordre de saint Dominique, il était connu sous le nom de Baccio della Porta ; il fut élève de Cosimo Rosselli, étudia les ouvrages de Léonard de Vinci, et se lia d'amitié avec Mariotto Albertinelli. En 1504, il fit la connaissance de Raphaël qui contribua par ses conseils au développement des talens de ce grand peintre.

1007. La salutation angélique.

Saint Jean-Baptiste, la Madeleine, saint François, saint Jérôme, saint Paul et sainte Marguerite offrent leurs hommages à la Vierge qui est assise sur son trône.

Gabriel apparaît dans les airs; il tient en main une branche de lis, et vient annoncer à Marie qu'elle deviendra mère du fils de Dieu par l'opération du Saint-Esprit.

Haut. 0 m. 95 c. — *Larg.* 0 m. 76 c.

Ce tableau porte la date de 1515.

1008. Mariage mystique de sainte Catherine de Sienne.

La Vierge, assise sur son trône, accompagnée de saint Pierre, de saint Barthélemy, de saint Vincent, préside au mariage mystique de sainte Catherine de Sienne avec l'Enfant Jésus. Près de la Vierge, saint François et saint Dominique s'embrassent en témoignage de l'affection qui les unit.

Haut. 2 m. 57 c. — *Larg.* 2 m. 28 c.

FRA BASTIANO, *voir* Sébastien del Piombo.

GADDO GADDI (Taddeo), *florentin*, *né en* 1300, *vivait en* 1352.

1009

1° Le Christ entre les larrons.

Haut. 0 m. 34 c. — *Larg.* 0 m. 67 c.

2° Décollation de saint Jean.

Haut. 0 m. 17 c. — *Larg.* 0 m. 67 c.

3° La tête de saint Jean apportée à Hérode.

Haut. 0 m. 34 c. — *Larg.* 0 m. 67 c.

4° Hérode livré aux démons.

Haut. 0 m. 17 c. — *Larg.* 0 m. 67 c.

Ces quatre sujets sont réunis dans le même cadre.

GARBO (del), *voir* Raffaellino.

GAROFOLO (Benvenuto Tisio da), *né en* 1481, *mort en* 1559. (École ferraraise.)

Ce peintre, moins connu par son nom que par celui

de sa patrie, Garofolo, dans le Ferrarais, passa succes-
sivement dans les écoles de Domenico Panetti, à Fer-
rare ; de Niccolo Soriani et de Boccacio Boccacino, à
Crémone ; de Gio Baldini, florentin, à Rome ; de Lo-
renzo Costa, à Mantoue, et finit par se perfectionner sous
Raphaël qui l'employa pendant quelque temps. Ce chan-
gement répété d'écoles influa nécessairement sur les pro-
ductions de Garofolo, qui, à raison de leur variété, sont
attribuées souvent à différens maîtres.

1010. Sainte-Famille.

Sainte Élisabeth et saint Jean amènent un agneau,
que saint Joseph à genoux présente à la Vierge et à
l'Enfant-Jésus.

Haut. o m. 44 c. — Larg. o m. 32 c.

1011. Sainte-Famille.

Saint Joseph prend les mains de Jésus assis sur les
genoux de sa mère. Sainte Élisabeth et saint Jean
viennent lui faire hommage d'un agneau.

Haut. o m. 40 c. — Larg. o m. 30 c.

1012. Sujet mystique.

La Vierge adore Jésus pendant son sommeil; un
ange lui offre le suaire et la couronne d'épines; portée
sur des nuages, la hiérarchie céleste présente les instrumens de la passion.

Haut. o m. 51 c. — Larg. o m. 37 c.

1013. La Vierge couvre d'un voile l'Enfant-Jésus
endormi.

Haut. o m. 52 c. — Larg. o m. 40 c.

1014. Portrait du Garofolo.

Il tient de la main droite un œillet.

Haut. o m. 54 c. — Larg. o m. 44 c.

1015. Portrait du Garofolo.

Il est représenté plus âgé que dans le tableau précédent, et tient un œillet et un chapelet.

Haut. o m. 39 c. — Larg. o m. 33 c.

L'œillet, en italien *garofano*, était le signe représentatif dont le Garofolo se servait quelquefois pour indiquer le lieu de sa naissance. Cette fleur se remarque dans plusieurs de ses ouvrages.

GASPRE (GASPARO DUCHET), *né en 1613, mort en 1675; élève du Poussin.* (École romaine.)

1016. Paysage.

Sur le bord d'un fleuve, trois voyageurs se reposent; l'un d'eux s'appuie sur un lévrier.

Haut. 1 m. 35 c. — Larg. 2 m. 83 c.

1017. Paysage.

On y remarque un chasseur suivi de deux lévriers; il s'entretient avec deux voyageurs.

Haut. o m. 72 c. — Larg. o m. 96 c.

1018. Paysage.

Des villageois se reposent; plus loin, des bergers conduisent leurs troupeaux sur les bords d'un torrent.

Haut. o m. 72 c. — Larg. o m. 96 c.

GENNARI (BENEDETTO DE CENTO), *vivait vers 1610.*

1019. La Vierge allaitant l'Enfant-Jésus.

Haut. o m. 98 c. — Larg. o m. 80 c.

GENTILESCHI (ORAZIO LOMI, *dit*), *né à Pise en 1563, mort en Angleterre, vers 1646.* (Ecole florentine.)

1020. Sainte-Famille.

La Vierge donne le sein à l'Enfant-Jésus; près d'eux saint Joseph est endormi.

Haut. 1 m. 58 c. — Larg. 2 m. 25 c

GHIRLANDAJO (Benedetto Corradi del), frère de *Domenico Ghirlandajo*, *mort à l'âge de* 50 *ans.* (Ecole florentine.)

1021. Le Christ portant sa croix.

Haut. 1 m. 91 c. — *Larg.* 1 m. 91 c.

GHIRLANDAJO (Domenico Corradi del), *dit aussi* del Grillandajo, *né en* 1451, *mort en* 1495. (Ecole florentine.)

1022. La visitation de sainte Anne à la Vierge.

Haut. 1 m. 72 c. — *Larg.* 1 m. 67 c.

GHIRLANDAJO (Ridolfo Corradi del), *né à Florence en* 1485, *mort en* 1560. (Ecole florentine.)

Il reçut les premiers élémens de l'art de David Corradi son oncle, et se perfectionna sous Fra Bartolommeo della Porta et sous Raphaël.

1023. Le couronnement de la Vierge.

La Vierge, prosternée aux pieds de son fils, reçoit avec humilité la couronne immortelle, en présence de la hiérarchie céleste; sur le premier plan, le peintre a représenté saint Pierre, dominicain et martyr, saint Jean-Baptiste, saint Jérôme, la Madeleine, saint François d'Assise et saint Dominique.

Haut. 2 m. 90 c. — *Larg.* 1 m. 91 c.

La date 1504, mise au bas du tableau, indique que Ridolfo avait dix-neuf ans quand il exécuta cet ouvrage.

GIORDIANO (Luca), *né à Naples en* 1632 , *mort en* 1705. (Ecole napolitaine.)

Il passa de l'école de l'Espagnolet dans celle de Pietre de Cortone.

1024. La présentation de Jésus au temple.

Haut. 1 m. 53 c. — *Larg.* 1 m. 07 c.

1025. Jésus se soumet à la mort pour le salut des hommes.

Accompagné de la Vierge, de saint Joseph et d'un ange, Jésus accepte les instrumens de la passion qui lui sont présentés par les anges. Du centre de sa gloire, l'Éternel le contemple, et l'Esprit-Saint l'environne de sa splendeur divine.

Haut. 1 m 51 c. — *Larg.* 1 m. 24 c.

1026. Mars et Vénus servis par les grâces et les amours.

Dans le lointain, on voit Vulcain occupé des travaux de sa forge.

Haut. 0 m. 63 c. — *Larg.* 0 m. 76 c.

GIORGION (Giorgio Barbarelli *dit* le), *né à Castel Franco en* 1477, *mort en* 1511; *élève de Jean Bellin.* (Ecole vénitienne.)

1027. Salomé, fille d'Hérodiade, reçoit la tête de saint Jean-Baptiste qu'un bourreau lui présente.

Sur un plan plus reculé, à gauche, on aperçoit l'action qui a précédé celle représentée sur le devant du tableau : un soldat montre la tête du saint qu'il vient de décapiter.

Haut. 0 m. 78 c. — *Larg.* 0 m. 64 c.

1028. *Ex voto.*

Jésus, assis sur les genoux de sa mère, accompagné de saint Joseph, de sainte Catherine, de saint Sébastien, écoute avec bonté les prières d'un homme présumé le donateur du tableau, et dont on ne voit que le buste.

Haut. 0 m. 93 c. — *Larg.* 1 m. 35 c.

1029. Concert champêtre.

Une femme, nue et assise, tient une flûte; les deux

hommes qui l'accompagnent sont habillés selon la mode du temps ; l'un joue de la guitare, l'autre est simple spectateur ; à la droite du tableau, une femme, la main appuyée sur le bord d'un réservoir en pierre, verse l'eau que renferme un vase de cristal.

Haut. 1 m. 10 c. — Larg. 1 m. 36 c.

1050. Portrait de Gaston de Foix, duc de Nemours.

Il est assis dans un lieu orné de glaces qui réfléchissent son portrait.

Haut. 0 m. 91 c. — Larg. 1 m. 23 c.

GIOTTO (DI BONDONE DI VESPIGNANO), *né en* 1276, *mort en* 1336. (Ecole florentine.)

1051. Saint François recevant les stigmates.

Haut. 3 m. 14 c. — Larg. 1 m. 62 c.

GOBBO (DEL), *voir* SOLARI.

GOBBO DE'CARRACCI (PIETRO-PAOLO BONZI *dit* IL), *mort sexagénaire sous le pontificat d'Urbain VIII; élève d'Annibal Carrache.* (Ecole bolonaise.)

1052. Latone métamorphosant des paysans en grenouilles.

Latone, voulant se dérober aux persécutions de Junon, s'était arrêtée avec ses enfans, Diane et Apollon, sur les bords d'un marais où travaillaient des paysans. Elle leur demanda pour se rafraîchir un peu d'eau qu'ils lui refusèrent. Latone, pour les punir, les métamorphosa en grenouilles.

Haut. 0 m. 34 c. — Larg. 0 m. 45 c.

GOZZOLI (BENOZZO), *florentin, né vers l'an* 1400, *mort à Pise à* 78 *ans.*

1053. Saint Thomas d'Aquin.

Haut. 2 m. 27 c. — Larg. 1 m. 0 c.

GRIMALDI (Gio. Francesco), *voir* Bolognèse.

GUERCHIN (Gio. Francesco Barbieri, *dit le*), *né à Cento en 1590, mort en 1666 ; élève de Cremonini et de Benedetto. (École bolonaise.)*

1054. Loth et ses filles.

Loth, assis sur la montagne, au milieu de ses deux filles, vide à longs traits la coupe que la cadette s'empresse de remplir. Près de la ville de Sodome, livrée aux flammes, on aperçoit la femme de Loth changée en statue de sel.

Haut. 1 m. 72 c. — Larg. 2 m. 21 c.

1055. Jésus, debout et tenu par la Vierge, donne sa bénédiction aux spectateurs.

Haut. 1 m. 24 c. — Larg. 1 m. 05 c.

1056. Résurrection de Lazare.

A la prière de Marthe et de Marie, Lazare est ressuscité en présence des disciples de Jésus, qui ordonne aux Juifs d'ôter les liens du cercueil.

Haut. 1 m. 99 c. — Larg. 2 m. 33 c.

1057. Le repentir de saint Pierre.

La Vierge assise, les mains posées sur ses genoux, est immobile de douleur ; saint Pierre, en essuyant ses larmes, témoigne son trouble et son repentir.

Haut. 1 m. 22 c. — Larg. 1 m. 59 c.

1058. Saint Pierre en prière.

Il tient une clé et un livre.

Haut. 0 m. 75 c. — Larg. 0 m. 60 c.

1059. Saint Paul.

Il tient un glaive à la main.

Haut. 0 m. 75 c. — Larg. 0 m. 61 c.

1040. Décollation de saint Jean.

Salomé reçoit dans un bassin la tête de saint Jean-Baptiste, que le bourreau vient de décapiter.

Haut. 1 m. 39 c. — Larg. 1 m. 67 c.

1041. Saint Jérôme.

Retiré dans le monastère qu'il avait fondé avec saint Paul à Bethléem, et tourmenté de la terreur du jugement dernier, il croit entendre le son de la trompette ordonnant aux morts de se lever et de paraître devant le souverain juge.

Haut. 0 m. 42 c. — Larg. 0 m. 48 c.

1042. Saint François d'Assise en extase.

A gauche du spectateur, saint Bernard, vêtu de blanc, tenant un livre et le bâton pastoral à la main, écoute avec tranquillité les sons harmonieux de la musique céleste qui ravit en extase saint François d'Assise.

Haut. 2 m. 60 c. — Larg. 1 m. 83 c.

1043. Saint Géminien.

Coiffé d'une mitre et revêtu d'habits pontificaux, il reçoit d'un ange le modèle figuratif de la ville de Modène, qu'il va, comme protecteur de la cité, présenter à la bénédiction de Jésus. Le divin enfant, porté par sa mère, apparaît dans les airs accompagné de deux anges : sur les premiers plans, on voit saint Jean-Baptiste à genoux, saint Georges et saint Pierre, martyrs, debout ; l'un couvert de ses armes, l'autre vêtu en religieux dominicain.

Haut. 3 m. 32 c. — Larg. 2 m. 30 c.

1044. Les Sabines séparant les Sabins et les Romains.

Par les conseils d'Hersilie, les Sabines, dont l'enlèvement avait causé la guerre entre les Romains et les

Sabins, oubliant la timidité naturelle à leur sexe, s'avan-
cent au milieu des combattans, et se tournant tantôt vers
leurs pères, tantôt vers leurs maris, elles leur adressent
des discours si touchans, qu'elles leur font tomber les armes des mains, et obtiennent une trève qui bientôt est
consolidée par un traité solennel entre les deux peuples.

Haut. 2 m. 53 c. — Larg. 2 m. 67 c.

1045. La magicienne Circé.

Haut. 1 m. 24 c. — Larg. 0 m. 96 c.

1046. Portrait du Guerchin.

Haut. 0 m. 75 c. — Larg. 0 m. 62 c.

GUERCHIN (École du).

1047. Saint Jean dans le désert.

Il tient de la main gauche une croix formée d'un
roseau, et de la main droite une coupe dans laquelle il
reçoit l'eau qui jaillit d'un rocher.

Haut. 2 m. 43 c. — Larg. 1 m 69 c.

GUIDE (Reni Guido, *dit* le), *né à Bologne en* 1575,
mort en 1642. *il passa de l'école de Denis Calvart dans*
celle des Carrache. (École bolonaise.)

1048. David vainqueur de Goliath.

Appuyé sur le fût d'une colonne, il tient sa fronde
de la main droite, et de la gauche la tête de Goliath
posée sur un piédestal.

Haut. 2 m. 20 c. — Larg. 1 m. 46 c.

1049. La salutation angélique.

Haut. 3 m. 19 c. — Larg. 2 m. 22 c.

1050. La purification de la Vierge.

La Vierge, à genoux devant l'autel et accompagnée de
ses parens, a remis son fils au grand-prêtre; les mains

jointes, elle écoute avec recueillement le saint vieillard qui présente l'Enfant-Jésus au Seigneur. Sur le devant, une jeune fille fait l'offrande de deux colombes ordonnée par la loi. Au côté opposé, un jeune garçon joue avec deux tourtereaux déposés sur une table.

Haut. 2 m. 86 c. — Larg. 2 m. 01 c.

1051. Le sommeil de Jésus.

La Vierge, saint Joseph et deux anges, contemplent Jésus qui est endormi. Près d'eux, sainte Elisabeth témoigne sa tendresse à saint Jean-Baptiste, et Zacharie médite sur l'Écriture-Sainte.

Haut. o m. 39 c. — Larg. o m. 30 c.

1052. La Vierge tient sur ses genoux l'Enfant-Jésus endormi.

Diam. 1 m. 15 c.

1053. Repos de la Sainte-Famille.

Jésus tend les bras à sa mère.

Haut. o m. 40 c. — Larg. o m. 57 c.

1054. La Vierge et l'Enfant-Jésus.

L'Enfant-Jésus, assis sur sa mère, donne la bénédiction à saint Jean-Baptiste, qui lui baise le pied.

Haut. o m. 24 c. — Larg. o m. 19 c.

1055. Jésus et la Samaritaine.

Haut. o m. 63 c. — Larg. o m. 88 c.

1056. Jésus-Christ donnant à saint Pierre les clés du royaume des cieux.

En présence de ses disciples, Jésus dit à saint Pierre : « Je vous donnerai les clés du royaume des cieux, et tout ce que vous lierez sur la terre sera aussi lié dans les cieux, etc. »

Haut. 3 m. 42 c. — Larg. 2 m. 12 c.

1057. Le Christ au jardin des Oliviers.

Jésus étant arrivé à la montagne des Oliviers, se met à genoux et fait sa prière. Les anges lui présentent les instrumens de la passion, et les apôtres dorment. On aperçoit dans le lointain Judas qui va livrer son maître aux princes des prêtres, aux capitaines des gardes du temple et aux sénateurs qui étaient venus pour le prendre.

Haut. o m. 57 c. — Larg. o m. 43 c.

1058. Le Christ couronné d'épines.

Haut. o m. 58 c. — Larg. o m. 44 c.

1059. La Madeleine, les yeux tournés vers le ciel et les mains posées sur la poitrine.

Haut. o m. 66 c. — Larg. o m. 57 c.

1060. La Madeleine, les cheveux épars, les mains jointes, en oraison dans sa grotte.

Haut. 1 m. 12 c. — Larg. o m. 2 c.

1061. Saint Jean-Baptiste dans le désert.

Haut. 1 m. 14 c. — Larg. o m. 97 c.

1062. Saint Sébastien attaché à un arbre et percé de flèches.

Haut. 1 m. 71 c. — Larg. 1 m. 32 c.

1063. Saint François à genoux devant un crucifix.

Il tient une tête de mort et implore la clémence divine. M. R.

Haut. 1 m. 93 c. — Larg. 1 m. 29 c.

1064. L'union du dessin et de la couleur.

Allégorie. *Diam. 1 m. 21 c.*

1065. Hercule terrassant l'hydre.

Par ordre d'Eurysthée, roi de Mycènes, Hercule tue l'hydre ou serpent à sept têtes qui infestait le voisinage du lac de Lerne. M. R.

Haut. 2 m. 61 c. — Larg. 1 m. 97 c.

1066. Lutte d'Hercule et d'Acheloüs.

Hercule, ayant vaincu Acheloüs, épousa Déjanire, fille d'OEnée, roi d'Étolie, qui avait été promise au vainqueur.

Haut. 2 m. 61 c. — Larg. 1 m. 92 c.

1067. Hercule et le centaure Nessus.

Hercule victorieux retournait avec Déjanire, qu'il avait épousée; il la confie à Nessus pour la transporter au-delà du fleuve Evène, qui était débordé. Le centaure, devenu amoureux de la princesse, veut l'enlever ; mais Hercule, de la rive opposée, lui décoche une flèche qui le blesse mortellement. M. R.

Haut. 2 m. 59 c. — Larg. 1 m. 93 c.

1068. Hercule sur le bûcher.

Nessus, avant d'expirer, avait fait présent à Déjanire d'une robe teinte dans son sang, en l'assurant que ce vêtement serait un préservatif contre l'infidélité de son époux. Hercule étant devenu amoureux d'Iole, Déjanire lui envoya ce funeste présent, qu'il reçut au moment où il allait sacrifier à Jupiter sur le mont OEta. Il est à peine revêtu de cette robe, qu'un feu dévorant se glisse dans ses veines ; il ne peut résister à la douleur, et se jette sur le bûcher qu'il avait préparé. M. R.

Haut. 2 m. 60 c. — Larg. 1 m. 94 c.

1069. Enlèvement d'Hélène.

Pâris, oubliant les devoirs de l'hospitalité, parvint à plaire à la belle Hélène, femme de Ménélas, et s'enfuit avec elle à Troie, où régnait Priam son père. M. R.

Haut 2 m. 53 c. — Larg. 2 m. 65 c.

GUIDO CAGNACCI, *né à Castel-San-Arcangelo en 1601, mort en 1681. Son nom de famille était* CAN- LASSI ; *il fut élève du Guide.* (Ecole bolonaise.)

1070. Saint Jean.

Vêtu de peau, assis et appuyé sur un rocher, il tient de la main droite une croix de roseau, et caresse un mouton dont le pied pose sur le bras gauche du saint.

Haut. 1 m. 48 c. — *Larg.* 1 m. 14 c.

JOSEPIN (GIUSEPPE CESARI *dit*), *né à Arpino, mort octogénaire en 1640 ; élève de son père et de Giacomo Rocca.* (Ecole napolitaine.)

1071. Adam et Eve chassés du paradis terrestre.

Haut. o m. 51 c. — *Larg.* o m. 38 c.

1072. Diane et Actéon.

Haut. o m. 50 c. — *Larg.* o m. 67 c.

JULES ROMAIN (GIULIO PIPPI, *dit*), *né à Rome en 1492, mort en 1546; élève de Raphaël.* (École ro- maine.)

1073. La nativité.

La Vierge, saint Joseph, les bergers, adorent Jésus qui vient de naître. On remarque sur le devant du tableau saint Jean l'évangéliste, saint Longin, armé de sa lance. A travers l'ouverture de la cabane, on aperçoit les anges qui avertissent les bergers de la naissance du Messie.

Haut. 2 m. 75 c. — *Larg.* 2 m. 12 c.

1074. La circoncision.

Haut. 1 m. 13 c. — *Larg.* 1 m. 22 c.

Ce tableau est donné par quelques auteurs à Bartolommeo Ramenghi, dit il Bagnacavallo, émule de Jules Romain dans l'école de Raphaël, et qui mourut en 1542. Le portrait de Bagnacavallo, que l'on croit reconnaître dans l'homme placé à droite du spectateur, près de la bordure du tableau, sert de fondement à cette opinion.

1075. La Vierge, Jésus et saint Jean.

Haut. o m. 29 c. — Larg. o m. 26 c.

1076. La victoire couronne Titus et Vespasien, vainqueurs de la Judée.

Les empereurs sont assis sur le même char, tiré par quatre chevaux roux et blancs qui sont conduits par deux écuyers. Une femme juive, qu'un officier romain tient par les cheveux, et le chandelier à sept branches enlevé du temple de Jérusalem, indiquent le sujet de ce triomphe.

Haut. 1 m. 21 c. — Larg. 1 m. 72 c.

1077. Vulcain fournit à Vénus des traits dont elle remplit le carquois de l'Amour.

Haut. o m. 38 c. — Larg. o m. 24 c.

1078. Portrait de Jules Romain.

Haut. o m. 58 c. — Larg. o m. 44 c.

LANFRANC (Giovanni Lanfranco), *ne à **Parme** en 1581, mort en 1647; élève des Carrache.* (École de Parme.)

1079. Agar dans le désert.

L'ange du Seigneur calme le désespoir d'Agar, et lui découvre une source d'eau pour désaltérer son fils Ismaël expirant dans la solitude de Betsabée.

Haut. 1 m. 38 c. — Larg. 1 m. 59 c.

1080. Saint Pierre, les mains jointes et les yeux tournés vers le ciel.

Haut. 1 m. 28 c. — Larg. o m. 97 c.

1081. Saint Pierre et saint Paul entraînés hors des murs de Rome.

Le premier, conduit vers le mont Janicule pour

être crucifié, se retourne et reçoit les derniers adieux de saint Paul, que les soldats mènent vers les eaux salviennes pour être décapité. M. R.

Haut. 1 m. 07 c. — Larg. 1 m. 59 c.

1082. Couronnement de la Vierge.

Saint Augustin et saint Guillaume invoquent à genoux la Vierge couronnée par son fils au milieu de la hiérarchie céleste.

Haut. 2 m. 24 c. — Larg. 1 m. 44 c.

LAURI (FILIPPO), *né à Rome en 1623, mort en 1694; élève de Caroselli.* (Ecole romaine.)

1083. Saint François en extase.

Saint François malade, disent les légendaires, espérait que la musique pourrait le divertir de ses douleurs; mais il n'osait en demander par mortification. Bientôt un chœur d'esprits célestes se fait entendre, et les sons harmonieux de leur luth le ravissent en extase.

Haut. 0 m. 47 c. — Larg. 0 m. 36 c.

LÉONARD DE VINCI (LÉONARDO DA VINCI), *né en 1452, mort en 1519.* (Ecole florentine.)

Il fut élève d'Andrea de Verrochio, qu'il surpassa en peu de temps, fonda à Milan une nouvelle école dont les commencemens paraissent remonter à 1482, et vint en France en 1518. Trop affaibli par ses longs travaux, il ne vécut point assez pour y donner aux arts une direction nouvelle.

1084. Saint Jean-Baptiste tient une croix d'une main, et de l'autre montre le ciel.

Haut. 0 m. 72 c. — Larg. 0 m. 57 c.

1085. La Vierge et l'Enfant-Jésus.

La Vierge, assise sur les genoux de sainte Anne, soutient l'Enfant-Jésus qui caresse un agneau.

Haut. 1 m. 67 c. — Larg. 1 m. 26 c.

1086. La Vierge aux Rochers.

L'Enfant-Jésus, assis et soutenu par un ange, donne la bénédiction à saint Jean, qui lui est présenté par la Vierge.

Haut. 1 m. 99 c. — Larg. 1 m. 22 c.

1087. L'archange saint Michel et l'Enfant-Jésus.

L'archange saint Michel présente à Jésus la balance destinée à peser les bonnes et les mauvaises actions des hommes. Il est assis sur sa mère, et tous deux se retournent pour regarder sainte Elisabeth et saint Jean qui joue avec un mouton.

Haut. 0 m. 96 c. — Larg. 0 m. 69 c.

1088. La Vierge et l'Enfant-Jésus.

Jésus, assis sur un coussin et assisté de sa mère, reçoit la croix de jonc que saint Jean-Baptiste lui présente.

Haut. 0 m. 74 c. — Larg. 0 m. 58 c.

Ce tableau a été quelquefois attribué à l'école de Léonard.

1089. Bacchus assis.

Il s'appuie sur un thyrse et tient des raisins.

Haut. 1 m. 77 c. — Larg. 1 m. 14 c.

1090. Portrait de Charles VIII, roi de France, mort en 1497.

Haut. 0 m. 75 c. — Larg. 0 m.

Ce tableau a été donné pendant longtemps au Pérugin

9*

1091. Portrait de femme, présumé celui de Lucrèce Crivelli.

Elle est vêtue d'une robe rouge ornée de broderies. La tête est vue de trois quarts ; les cheveux sont lisses, le front est ceint d'une ganse noire retenue par un diamant.

Haut. o m. 62 c. — *Larg.* o m. 43 c.

1092. Portrait de Monna Lisa, célèbre par sa beauté, et femme de Francesco del Giocondo, gentilhomme florentin.

Haut. o m. 78 c. — *Larg.* o m. 53 c.

LÉONARD DE VINCI (Ecole de).

1093. Le sommeil de Jésus.

Des anges apportent les objets nécessaires pour coucher l'Enfant-Jésus endormi dans les bras de sa mère.

Haut. o m. 92 c. — *Larg.* o m. 73 c.

LIPPI (FRA FILIPPO), *né vers l'an 1400 à Florence, mort à Spolette en 1469.* (Ecole florentine.)

Ayant perdu son père et sa mère dès sa plus tendre enfance, il fut placé chez les carmes de Florence, où il étudia les ouvrages de Masaccio. On ne lui connaît point d'autres maîtres.

1094. La nativité de Jésus.

Le Saint-Esprit préside à la naissance de Jésus ; la Vierge et saint Joseph l'adorent.

Haut. 1 m. 69 c. — *Larg.* 1 m. 66 c.

1095. La Vierge debout présente son fils à l'adoration de deux saints abbés.

Ils sont à genoux, revêtus d'habits sacerdotaux, et

tiennent à la main une crosse, marque de leur dignité. Des anges accompagnent la mère du Sauveur, et portent des tiges de lis, emblêmes mystiques de la mission de Gabriel.

Haut. 2 m. 17 c. — Larg. 2 m. 44 c.

On croit reconnaître le peintre dans le portrait du religieux carmc placé au-dessus de l'enceinte du trône et sous l'aile de l'ange qui est à la gauche du spectateur.

LOMI, *voir* Gentileschi.

LOTTO (Lorenzo), bergamasque, *vivait en 1554, mort dans un âge avancé à Lorette; élève de Jean Bellin.* (Ecole vénitienne.)

1096. La femme adultère amenée devant Jésus.

Haut. 1 m. 24 c. — Larg. 1 m. 56 c.

LUCATELLI *ou* **LOCATELLI** (Andrea), romain, *mort à Rome en 1741; élève de Paolo Anesi.*

1097. Paysage.

Des pâtres se reposent, et le troupeau erre en liberté sur les bords d'un ruisseau qui arrose et divise le paysage en deux parties.

Haut. 0 m. 98 c. — Larg. 1 m. 33 c.

LUINI *ou* **LOVINI** da luino, *vivait encore en 1530 imitateur de Léonard de Vinci.* (Ecole milanaise.)

1098. Sainte-Famille.

Jésus debout passe le bras gauche autour du cou de sa mère, qui le soutient. Saint Joseph, appuyé sur un bâton et placé derrière la Vierge, les considère avec attention.

Haut. 0 m. 51 c. — Larg. 0 m. 44 c.

LUTI (Benedetto), *né à Florence en 1666, mort en 1724; élève d'Antonio Domenico Gabbiani.* (Ecole florentine.)

1099. La Madeleine, visitée dans sa grotte

par les anges, tient un crucifix dans ses mains.

Haut. 1 m. 67 c. — Larg. 1 m. 28 c.

1100. La Madeleine, plongée dans la médita-tion.

Elle considère une tête de mort.

Haut. 1 m. 04 c. — Larg. 0 m. 75 c.

MACHIAVELLI (ZENOBIO DE) *florissait en 1474; élève de Benozzo Gozzoli.* (Ecole florentine.)

1101. Le couronnement de la Vierge.

Haut. 1 m. 64 c. — Larg. 1 m. 66 c.

MANFREDI (BARTOLOMMEO), *natif de Mantoue, mourut à la fleur de son âge, sous le pontificat de Paul V.* (Ecole romaine.)

Il entra d'abord chez Cristofano Roncalli della Pomerance, et perfectionna ses talens en étudiant les ouvrages de M.-A. de Caravage.

1102. Assemblée de buveurs.

A la gauche du spectateur, un jeune homme joue du théorbe. Vers la droite, un échanson remplit la coupe de l'un des convives. Dans le fond, deux domestiques; l'un boit, l'autre mange des macaronis.

Haut. 1 m. 29 c. — Larg. 1 m. 92 c.

1103. La diseuse de bonne aventure.

Une femme assise se fait dire la bonne aventure par deux Egyptiennes, et montre sa main à la plus jeune. Cette dernière, trop occupée de son métier, ne voit point un cavalier placé derrière elle, qui montre avec intention la tête d'un oiseau mort.

Haut. 1 m. 27 c. — Larg. 1 m. 50 c.

MANTEGNA (ANDREA), *né à Padoue en 1430, mort en 1506; élève de Squarcione.* (Ecole de Mantoue.)

1104. Le Christ entre les larrons.

Sur le sommet du Calvaire, Jésus a été crucifié entre deux larrons, et les soldats qui le gardent tirent aux dés ses vêtemens; près de là, saint Jean témoigne l'excès de sa douleur; plus loin, la Vierge, accompagnée des saintes femmes, verse des pleurs sur la mort de son fils.

Haut. o m. 72 c. — Larg. o m. 93 c.

On prétend que Mantegna s'est représenté sous la figure du soldat qui est vu à mi-corps sur le premier plan, le casque en tête et la lance à la main.

1105. La Vierge de la victoire.

La Vierge, assise sur son trône, tient l'Enfant-Jésus debout sur ses genoux. Elle est accompagnée de saint Michel, de saint Maurice, de saint Longin et de saint André, protecteurs de Mantoue. A droite, on remarque sainte Elisabeth et saint Jean-Baptiste; à gauche, le marquis de Mantoue, Jean-François de Gonzague, qui rend grâce du prétendu succès obtenu sur Charles VIII à la bataille de Fornoue, près les bords du Taro, en 1495.

Haut. 2 m. 80 c. — Larg. 1 m. 66 c.

1106. Le Parnasse, composition allégorique.

Vers la gauche, Apollon assis fait danser les Muses aux sons mélodieux de sa lyre; à droite, Mercure retient Pégase au pied de l'Hélicon, d'où jaillissent les eaux de l'Hippocrène. Sur un rocher percé, à travers lequel on aperçoit une riche campagne, le peintre a placé Mars et Vénus. L'Amour, qui les accompagne, souffle les traits qui excitent la jalousie de Vulcain : le fils de Junon, oubliant les travaux de sa forge, menace son épouse infidèle et son heureux rival.

Haut. 1 m. 6o c. — Larg. 1 m. 92 c.

1107. La sagesse victorieuse des vices.

Minerve, précédée de la chasteté sous les traits de Diane, et de la philosophie sous ceux d'une femme portant un flambeau, chasse devant elle et poursuit la luxure aux pieds de satyre, l'oisiveté et l'inertie enfoncées dans un bourbier, la fraude, la malice, l'ivrognerie, la volupté et l'ignorance portées par l'ingratitude et l'avarice.

La justice, la force, la tempérance, qui planent dans les airs, reviennent sur la terre pour y fixer leur séjour.

Haut. 1 m. 60 c. — *Larg.* 1 m. 92 c.

La légende latine attachée à un laurier placé sur la droite du tableau donne l'explication de cette allégorie.

MARATTE (Carlo Maratta, *ou* Maratti), *né à Camanero di Ancona en* 1625, *mort en* 1713; *élève d'Andréa Sacchi.* (École romaine.)

1108. La nativité.

La Vierge expose l'Enfant-Jésus qui vient de naître à l'adoration des anges et des bergers.

Haut. o m. 97 c. — *Larg.* o m. 97 c.

1109. Le sommeil de Jésus.

La Vierge tient des deux mains un voile de gaze dont elle va couvrir Jésus livré au sommeil, la tête appuyée sur la main droite, et le bras gauche posé sur un oreiller. Elle est accompagnée de sainte Catherine d'Alexandrie et de trois anges placés au chevet du lit.

Haut. 1 m. 20 c. — *Larg.* o m. 97 c.

1110. Saint Jean exhorte les Juifs à se convertir.

Il leur annonce l'accomplissement des prophéties.

Haut. o m. 90 c. — *Larg.* 1 m. 01 c.

1111. Mariage mystique de sainte Catherine d'Alexandrie.

Haut. o m. 42 c. — *Larg.* o m. 32 c.

MASSONE D'ALESSANDRIA (Giovanni), *peintre de l'école génoise, vivait en 1490.*

1112

1°. La nativité.

La Vierge et saint Joseph adorent Jésus qui vient de naître; dans le lointain, le cortége des Mages sort de Bethléem.

Haut. 1 m. 77 c. — Larg. 0 m. 77 c.

On voit sur le premier plan le nom du peintre: *Johannes Massonus Alexandria pinxit.*

2°. Saint François d'Assise et le pape Sixte IV.

Haut. 1 m 11 c. — Larg. 0 m 57 c.

Le pontife, marinier dans sa jeunesse, puis cordelier, devint général de son ordre; il obtint de Paul II, à la recommandation du cardinal de Bessarion, le chapeau rouge, fut élu pape en 1471, et mourut en 1484.

3°. Saint Antoine de Padoue et le cardinal Giulano della Rovere.

Haut. 1 m. 11 c. — Larg. 0 m. 57 c.

Ce dernier, neveu de Sixte IV, naquit à Savone en 1453; créé cardinal en 1471, il fut élevé sur la chaire de saint Pierre en 1503, et mourut en 1513.

Ces trois ouvrages sont réunis dans le même cadre.

MASTELLETTA (Gio Andrea Donducci, *dit* le), *né à Bologne en 1575, mort en 1655; élève des Carrache.* (Ecole bolonaise.)

1113. Jésus et la Vierge apparaissent à saint François d'Assise.

La première nuit que saint François d'Assise se retira dans l'église de Notre-Dame-des-Anges, il y vit au milieu de la cour céleste, et près de la Vierge, Jésus-Christ, qui l'assura de sa protection pour l'établissement de son ordre. Le saint, pénétré de reconnaissance, dépose sur

la première marche de l'autel la couronne de roses rouges et blanches venues des épines sur lesquelles il s'était
roulé au mois de janvier, pour amortir le feu de ses
passions.

Larg. o m. 48 c. — Haut. o m. 33 c.

Ce tableau est attribué par quelques auteurs à Annibal Carrache.

MAZZOLLINI (Lodovico), *né en 1481, mort en 1530; élève de Lorenzo Casta. (Ecole de Ferrare.)*

1114. La Sainte-Famille.

La Vierge, accompagnée de saint Joseph, tient sur
ses genoux l'Enfant-Jésus, qui joue avec un petit
singe.

Haut. o m. 32 c. — Larg. o m. 25 c.

Ce tableau a été long-temps donné au Garofolo.

MAZZUOLA, *voir* Parmesan.

MEDOLA ou MEDULA da Sebenico, *voir* Schiavone.

MEMMI (Guglielmi Simone), *de Sienne, mort en 1344, âgé de 60 ans.*

1115. Le couronnement de la Vierge.

Haut. 1 m. 13 c. — Larg. o m. 65 c.

MOLA (Pier Francesco). (Ecole bolonaise.)

*On n'est point d'accord sur la patrie ni sur l'époque
de la naissance de cet artiste, élève de l'Albane. Passeri,
auteur contemporain, assure qu'il naquit à Milan
en 1612, et mourut à Rome en 1668.*

1116. L'ange du Seigneur apparaît à Agar dans le désert.

Il lui annonce que son fils Ismaël doit être père d'un

peuple nombreux, et leur indique une source d'eau pour les désaltérer.

Haut. o m. 27 c. — Larg. o m. 35 c.

1117. Repos de la Sainte-Famille.

Saint Joseph est absorbé dans la méditation.

Haut. o m. 41 c. — Larg .o m. 31 c.

1118. Saint Jean-Baptiste prêchant dans le désert.

Il dit, en voyant Jésus venir à lui : *Voici l'agneau de Dieu.*

Haut. 1 m. 62 c. — Larg. 1 m. 21 c.

1119. Saint Jean - Baptiste prêchant dans le désert.

Haut. o m. 35 c. — Larg. o m. 25 c.

Même sujet que celui du tableau précédent.

1120. Vision de saint Bruno dans le désert.

Haut. o m. 94 c. — Larg. o m. 70 c.

1121. Herminie.

En gardant le troupeau du berger, elle trace sur l'écorce d'un hêtre le nom de Tancrède, objet de son amour.

Haut. o m. 70 c. — Larg. o m. 94 c.

1122. Herminie panse les blessures de Tancrède.

Tancrède est vainqueur d'Argant, qu'on aperçoit plus loin étendu sur la poussière.

Haut. o m. 69 c. — Larg. o m. 93 c.

MORALES , *né à Badajoz vers* 1509, *mort en* 1586.

1123. Jésus-Christ portant sa croix.

Haut. o m. 93 c. — Larg. o m. 70 c.

MORETTO DA BRESCIA, *voir* BONVICINO.

MORO (IL), *voir* TORBIDO.

MURILLO (BARTHOLOMÉ), *ou plutôt* ESTÉBAN MURILLO, *né à Séville en* 1618, *mort en* 1682; *élève de Juan del Castillo.* (Ecole espagnole.)

1124. Le mystère de la conception de la Vierge Marie.

Elle est vénérée par les anges et par les hommes.

Haut. 1 m. 72 c. — *Larg.* 2 m. 85 c.

1125. La Vierge au Chapelet.

Jésus assis sur les genoux de sa mère joue avec un chapelet.

Haut. 1 m. 66 c. — *Larg.* 1 m. 23 c.

1126. Le Père-Éternel et l'Esprit-Saint contemplent l'Enfant-Jésus.

Debout sur les genoux de sa mère, il reçoit une croix de jonc qui lui est offerte par saint Jean. Sainte Elisabeth accompagne son fils.

Haut. 2 m. 40 c. — *Larg.* 1 m. 89 c.

1127. Jésus sur la montagne des Oliviers.

Un ange lui présente le calice et la croix : dans le lointain on aperçoit les apôtres endormis.

Haut. 0 m. 36 c. — *Larg.* 0 m. 27 c.

1128. Le Christ à la Colonne.

Saint Pierre à genoux demande pardon de son parjure à Jésus, qui est attaché à la colonne et a été flagellé.

Haut. 0 m. 33 c. — *Larg.* 0 m. 31 c.

1129. Un saint personnage inspiré du ciel.

Haut. 1 m. 04 c. — Larg. o m. 82 c.

1130. Un jeune mendiant assis.

Haut. 1 m. 34 c. — Larg. 1 m. 09 c.

MURILLO (École de).

1131. Saint Jean-Baptiste enfant.

Il tient une croix de jonc et pose le bras droit sur un agneau.

Haut. o m. 76 c. — Larg. o m. 61 c.

Ce tableau a souvent été attribué à Murillo.

MUTIEN (Girolamo Muziano), *né à Acquafredda, dans le Bressan, en 1528, mort en 1590. (Ecole romaine.)*

Il eut pour maître Girolamo Romanino, et se perfectionna en étudiant les ouvrages du Titien.

1132. L'incrédulité de saint Thomas.

Haut. o m. 52 c. — Larg. o m. 63 c.

1133. Résurrection de Lazare.

En présence de ses disciples, Jésus ressuscite Lazare, à la prière de Marthe et de Marie.

Haut. 1 m. 25 c. — Larg. o m. 92 c.

ORCAGNA ou **ORGAGNA** (Andrea), *né à Florence en 1320, mort en 1389. (Ecole florentine.) Orcagna a été peintre, sculpteur et architecte.*

1134. La naissance de la Vierge.

L'artiste a voulu faire connaître la distribution de l'appartement de saint Joachim : dans la première pièce, à gauche, il a placé des femmes occupées des soins nécessaires à l'enfant qui vient de naître ; dans la seconde en face, à travers la porte et les fenêtres, on aperçoit sainte Anne dans son lit, assistée par deux autres femmes ; enfin, dans la pièce à droite, saint Joachim, accompagné d'un vieillard, écoute attentivement un jeune garçon qui semble lui annoncer l'heureux accouchement de son épouse.

Haut. 0 m. 24 c. — Larg. 0 m. 46 c.

ORIZZONTE, *voir*, à l'école flamande, BLOEMEN.

PADOUAN (ALESSANDRO VAROTARI, *dit* LE), *mort en 1650, à l'âge de 60 ans.*

1155. L'Amour caressant sa mère.

Haut. 1 m. 21 c. — Larg. 1 m. 73 c.

PALME LE VIEUX (JACOPO PALMA), *de Sérinalta, dans le Bergamasque. (École vénitienne.)*

Il avait, selon les historiens, 49 ans quand il mourut, et cependant on ignore l'époque de sa naissance et celle de sa mort ; il se forma sur les ouvrages du Giorgion.

1156. La Vierge et l'Enfant-Jésus.

Ils reçoivent les hommages de sainte Elisabeth, du jeune saint Jean, de saint Joseph, de saint Antoine ermite, de saint Antoine de Padoue et de la Madeleine. M. R.

Haut. 1 m. 55 c. — Larg. 2 m. 03 c.

1157. *Ex voto.*

La Vierge et saint Joseph présentent l'Enfant-Jésus à l'adoration d'un jeune berger, dont les compagnons, dans le lointain, regardent avec surprise les anges qui leur annoncent la venue du Messie.

Haut. 1 m. 41 c. — Larg. 2 m. 08 c.

Une femme à genoux, les mains jointes, placée derrière la Vierge, est présumée la donatrice du tableau, que plusieurs auteurs attribuent à Pâris Bordone.

1138. La Vierge assise tenant sur ses genoux l'Enfant-Jésus debout.

A la droite du Sauveur est sainte Agnès assise, et saint Jean debout ; à sa gauche, sainte Catherine d'Alexandrie assise.

Haut. 1 *m.* 04 *c.* — *Larg.* 1 *m.* 51 *c.*

1139. Portrait présumé de Pierre du Terrail , *dit* le chevalier Bayard , ou le *chevalier sans peur et sans reproche*, tué en 1524 , à la retraite de Rebec , à l'âge de 50 ans.

Il est représenté remettant son épée dans le fourreau , après avoir donné l'accolade à François Ier., roi de France, qui voulut être armé chevalier par ce preux à la suite de la bataille de Marignan , en 1515.

Haut. 1 *m.* 51 *c.* — *Larg.* 1 *m.* 13 *c.*

PANNINI (GIAMPOLO) , *né à Plaisance en* 1691, *mort à Rome en* 1764; *élève de Benedetto Luti.* (Ecole romaine.)

1140. Festin donné sous un portique d'ordre ionique.

Haut. 2 *m.* 12 *c.* — *Larg.* 2 *m.* 12 *c.*

Pannini s'y est représenté la tête couverte d'un bonnet de couleur bleuâtre, et portant la main sur sa poitrine.

1141. Festin donné sous un portique d'ordre ionique.

Haut. 0 *m.* 35 *c.* — *Larg.* 0 *m.* 39 *c.*

Répétition du tableau précédent.

1142. Concert donné dans l'intérieur d'une galerie circulaire d'ordre dorique.

Haut. 0 *m.* 35 *c.* — *Larg.* 0 *m.* 39 *c.*

1143. Ruines d'architecture d'ordre dorique.

Un homme, monté sur une partie d'entablement ren-
versée, parle en présence de personnes bizarrement vêtues ; dans le fond on voit un temple d'ordre ionique.

Haut. 1 m. 71 c. — Larg. 2 m. 45 c.

PARMESAN (Francesco Mazzuola, dit le), *né à
Parme vers 1503, mort en 1540. (Ecole de Parme.)*

*Il commença ses études dans l'école de ses oncles
Michele et Pier Ilario Mazzuola ou Mazzola, et se perfectionna en copiant les ouvrages du Corrége.*

1144. Sainte-Famille.

En présence de la Vierge, de saint Joseph et de sainte
Elisabeth, saint Jean-Baptiste reçoit les caresses de
l'Enfant-Jésus.

Haut. 0 m. 42 c. — Larg. 0 m. 33 c.

1145. Sainte Marguerite caresse l'Enfant-Jésus.

La Vierge, un ange, saint Benoît et saint Jérôme les
regardent.

Haut. 0 m. 46 c. — Larg. 0 m. 34 c.

PASSIGNANO (Domenico Cresti da), *né en 1560,
mort en 1638. (Ecole florentine.)*

*Le nom de Passignano lui vient du lieu de sa nais-
sance, situé dans le Florentin ; il étudia sous Batista Nal-
dini et Federico Zuccari.*

1146. L'invention de la croix.

« En 326, sainte Hélène, mère de l'empereur Cons-
» tantin, étant arrivée à Jérusalem, commença par faire
» abattre le temple et l'idole de Vénus qui profanaient
» le lieu de la croix et de la résurrection. On ôta les

» terres, on creusa si avant, qu'on découvrit le saint-
» sépulcre, et tout proche on trouva trois croix enter-
» rées. On ne savait laquelle était la croix du Sauveur.
» L'évêque saint Macaire imagina ce moyen de s'en
» éclaircir : il fit porter les croix chez une femme de
» qualité, malade depuis long-temps et réduite à la der-
» nière extrémité; on lui appliqua chacune des croix en
» faisant des prières ; sitôt qu'elle eut touché la dernière,
» elle fut entièrement guérie. » (Fleury, *Hist. ecclé-
siast.*)

Haut. 2 m. 32 c. — Larg. 1 m. 62 c.

PAUL VÉRONÈSE (PAOLO CALIARI), *né à Vérone
vers 1530, mort en 1588. (Ecole Vénitienne.*

*Il apprit à modeler sous le sculpteur Gabrielle
Caliari, son père, et à peindre sous Antonio Badille.*

1147. Loth et ses filles.

Ils sont préservés de l'incendie de Sodome par les anges du Seigneur. Plus loin, on aperçoit la femme de Loth
changée en statue de sel.

Haut. o m. 93 c. — Larg. 1 m. 19 c.

1148. L'évanouissement d'Esther.

« Aussitôt qu'Assuérus eut levé la tête et qu'il eut aperçu
» Esther, la fureur dont il était saisi paraissant dans ses
» yeux étincelans, la reine tomba comme évanouie, et la
» couleur de son teint se changeant en une pâleur, elle
» laissa tomber sa tête sur la fille qui la soutenait. »
(L. d'*Esther*, Ch. XV.)

Haut. 2 m. c. — Larg. o3 m. o6 c

1149. La Vierge et l'Enfant-Jésus.

La Vierge assise tient sur ses genoux l'Enfant-Jésus
debout; saint Georges, sainte Catherine d'Alexandrie,
sont debout, et saint Benoît est à genoux.

Haut. o m. 99 c. — Larg. o m. 99 c.

1150. Sainte-Famille.

Marie-Madeleine soulève la main de l'Enfant-Jésus, et la donne à baiser à une religieuse bénédictine que saint Joseph présente au Sauveur. Sainte Élisabeth, placée derrière la Vierge, forme une couronne d'une guirlande de fleurs.

Haut. o m. 51 c. — *Larg.* o m. 43 c.

1151. Les noces de Cana.

Haut. 6 m. 66 c. — *Larg.* 9 m. 90 c.

Le peintre a introduit dans cette immense composition les portraits d'un grand nombre d'illustres personnages de son temps; la plupart sont inconnus aujourd'hui; mais il passe pour certain que celui des convives qui est assis le premier dans le coin à gauche du spectateur est Don Alphonse d'Avalos, marquis de Guast; et que la mariée, derrière laquelle on aperçoit un fou qui avance la tête entre deux colonnes, a les traits d'Éléonore d'Autriche, sœur de Charles V, et femme de François Ier. roi de France. Ce prince, coiffé d'une façon bizarre, est assis auprès d'elle; de l'autre côté est Marie, reine d'Angleterre, vêtue d'une robe jaune. Soliman II, empereur des Turcs, est près d'un prince nègre qui parle à un des serviteurs; plus loin Victoire Colona, épouse du marquis Pascaire. A l'angle de la table, l'empereur Charles V, vu de profil, porte la décoration de l'ordre de la Toison-d'Or. Paul Véronèse s'est représenté lui-même avec les plus habiles peintres de Venise ses contemporains au milieu du groupe de musiciens qui occupe le devant du tableau. Il joue du violoncelle; derrière lui le Tintoret l'accompagne avec un instrument semblable, et le Titien joue de la basse. Celui qui est debout, vêtu d'une étoffe brochée, et qui tient une coupe remplie de vin, est Benedetto Caliari, frère de Paul.

1152. Les pélerins d'Emmaüs.

Haut. 2 m. 93 c. — *Larg.* 4 m. 50 c.

Parmi les spectateurs, le peintre a placé sa femme et une partie de sa famille.

1153. Jésus dans la maison de Pierre.

« Jésus étant venu dans la maison de Pierre, vit sa » belle-mère qui était au lit et avait la fièvre; et lui » ayant touché la main, la fièvre la quitta. » (*Saint Mathieu*).

Haut. o m. 41 c. — *Larg.* o m. 34 c.

1154. Jésus, conduit vers le mont Golgotha, succombe sous le poids de sa croix.

Deux bourreaux la soulèvent, et la Vierge s'évanouit dans les bras de Marie-Madeleine.

Haut. o m. 57 c. — *Larg.* o m. 70 c.

1155. Le Christ entre les larrons.

A la vue de Jésus crucifié entre deux larrons, la Vierge tombe évanouie dans les bras des saintes femmes.

Haut. 1 m. 02 c. — Larg. 1 m. 02 c.

1156. Susanne au bain surprise par deux vieillards.

Haut. 1 m. 98 c. — Larg. 1 m. 98 c.

1157. Une femme donne la main à un enfant effrayé à l'approche d'un chien.

Haut. 1 m. 15 c. — Larg. 0 m. 95 c.

PELLEGRINI (Antonio), *originaire de Padoue, né à Venise en* 1685, *mort en* 1741. (École vénitienne.)

1158. Allégorie.

La modestie a offert le tableau de Pellegrini à l'Académie, personnifiée sous les attributs consacrés à la peinture. Le génie de la France écrit le jugement favorable qu'elle en porte.

Haut. 0 m. 99 c. — Larg. 0 m. 85 c.

Pellegrini fut reçu à l'Académie en 1733.

PERINO DEL VAGA (Bonacorsi), *né à Florence en* 1500 , *mort en* 1547. (École romaine.)

On l'appelle encore Pierino de Ceri ou de Vaga, nom de ses premiers maîtres. Il fréquenta l'école de Ridolfo de Ghirlandajo , qu'il abandonna pour venir avec le Vaga, à Rome, se perfectionner sous la conduite de Raphaël.

1159. Le défi des Piérides.

Les neuf filles de Piérus, roi de Macédoine, excellaient dans la musique et la poésie ; fières de leur nombre et de leurs talens, elles osèrent défier les muses et disputer avec elles le prix de la voix ; mais elles succombèrent, et furent changées en pies par Apollon. Le moment représenté est celui du défi. Apollon et Minerve, environnés de fleuves, des divinités des forêts avec les nymphes choisies pour arbitres, président au combat.

Haut. o m. 31 c. — Larg. o m. 63 c.

PÉRUGIN (Pietro Vannucci, *dit* le), *né à Caste, della Pieve di Perugia en 1446, mort en 1524 ; élève de Niccolo Alunno, de Pietro della Francesca et d'Andrea del Verrocchio.* (Ecole romaine.)

1160. La Vierge tenant l'Enfant-Jésus.

Haut. o m. 5o c. — Larg. o m. 38 c.

1161. La Sainte-Famille.

Haut. o m. 81 c. — Larg. o m. 62 c.

1162. Jésus couronné d'épines, entre la Vierge et saint Jean.

Haut. o m. 36 c. — Larg. o m. 79 c.

1163. Jésus ressuscité apparaît à la Madeleine.

Sur un plan éloigné, vers la gauche du spectateur, on aperçoit près du monument, au milieu des soldats saisis de frayeur et renversés, Jésus, sorti du tombeau, s'élevant dans les airs.

Haut. o m. 57 c. — Larg. o m. 48 c.

Ce tableau a quelquefois été attribué à Mariotto Albertinelli.

1164. Combat de l'amour et de la chasteté.

Plusieurs des métamorphoses opérées par l'amour sont représentées sur les derniers plans.

Haut. 1 m. 56 c. — Larg. 1 m. 92 c.

Tableau allégorique peint en détrempe.

PESARESE (Simone Cantarini); *né à Pesaro en 1612, mort en 1648. (École bolonaise.)*

Il apprit à dessiner chez Giacomo Pandolfi, à peindre chez Claudio Ridolfi, et se perfectionna auprès du Guide dont il fut l'imitateur.

1165. Sainte-Famille.

La Vierge contemple avec amour l'Enfant-Jésus, et saint Joseph se livre au sommeil.

Haut. 0 m. 41 c. — Larg. 0 m. 57 c.

1166. Sainte-Famille.

La Vierge, l'Enfant-Jésus, sainte Anne et saint Joseph. Dans le haut, deux anges répandent des fleurs sur la Vierge.

Haut. 1 m. 48 c. — Larg. 1 m. 98 c.

PESELLINO (Francesco Pesello, *dit il*), *né à Florence en 1426, mort vers 1457; élève de Francesco Pesello, son père, et de Fra-Lippi. (École florentine.)*

1167

1°. Saint François d'Assise recevant les stigmates.

Haut. 0 m. 29 c. — Larg. 0 m. 45 c.

2°. Les saints frères Côme et Damien visitant un malade et lui administrant des secours.

Haut. 0 m. 29 c. — Larg. 0 m. 45 c.

Ces deux ouvrages sont renfermés dans un même cadre.

PIETRE DE CORTONE (Pietro Bérrettini *dit*), *né en 1596, mort en 1669. (Écoles florentine et romaine.)*

Il a été peintre et architecte; il étudia sous Bac-

cio *Carpi*, à *Florence*, et sous *Andrea Commodi*, à *Rome.*

1168. Jacob et Esaü.

Ils font le sacrifice d'un agneau pour confirmer leur réconciliation.

Haut. 1 m. 97 c. — Larg. 1 m. 75 c.

1169. La nativité de la Vierge.

Haut. 1 m. 73 c. — Larg. 1 m. 23 c.

1170. Sainte Martine.

Entraînée dans le temple d'Apollon pour y sacrifier, cette sainte fait le signe de la croix ; aussitôt une portion du temple s'écroule, écrase le peuple et les prêtres des faux dieux.

Haut. 0 m. 49 c. — Larg. 0 m. 35 c.

1171. La Vierge et l'Enfant-Jésus.

L'Enfant-Jésus, assis sur les genoux de sa mère, donne à sainte Martine une tige de lis et lui montre la palme qu'il lui destine.

Haut. 1 m. 37 c. — Larg. 1 m. 59 c.

1172. La Vierge et l'Enfant-Jésus.

L'Enfant-Jésus assis sur les genoux de sa mère, reçoit de sainte Martine une tige de lis et une palme, symbole de sa virginité et de son martyre.

Haut. 1 m. 20 c. — Larg. 1 m. 52 c.

1173. Romulus et Rémus.

Faustulus, gardien des troupeaux d'Amulius, remet à Laurentia, son épouse, Rémus et Romulus trouvés sous une louve qui les allaitait. Elle est représentée avec ses nourrissons sur le troisième plan, à la droite du spectateur.

Haut. 2 m. 51 c. — Larg. 2 m. 66 c.

PINTURICCHIO (Bernardino Betti. *dit*), *né à Pé-rouse en* 1454, *mort en* 1513 ; *élève du Pérugin.* (Ecole romaine.)

1174. La Vierge et l'Enfant-Jésus.

Haut. o *m.* 41 *c.* — *Larg.* o *m.* 32 *c.*

1175. Jésus mis en croix.

Deux anges le pleurent. Le bienheureux Gilles, fran-ciscain, embrasse le pied de la croix. Il est accompagné de la mère du Sauveur et du disciple bien-aimé, tous deux à genoux et navrés de douleur.

Haut. 2 *m.* 11 *c.* — *Larg.* 1 *m.* 36 *c.*

PIPPI, *voir* Jules Romain.

POLIDORE DE CARAVAGE (Polidoro Caldara), *né à Caravaggio, dans le Milanais, vers l'an* 1495, *mort en* 1543 ; *il se forma dans l'école de Raphaël.* (Ecole romaine.)

1176. L'assemblée des dieux dans l'Olympe.

En présence de toutes les divinités rassemblées, Jupi-ter consent à l'union de Psyché avec l'Amour. Psyché est introduite par Mercure dans l'Olympe, et le maître des dieux lui présente une coupe remplie d'ambroisie qui doit lui assurer l'immortalité.

Haut. 1 *m.* 04 *c.* — *Larg.* 1 *m.* 58 *c.*

PONTORMO (Jacopo Carrucci da), *né en* 1493, *mort en* 1558. (Ecole florentine.)

Le surnom de Pontormo lui vient du lieu de sa nais-sance, situé dans le Florentin. Inconstant dans sa manière d'étudier, il visita tour à tour les écoles de Léonard de

Vinci, d'Albertinelli, de Pietro di Cosimo et d'Andrea ael Sarto. Il porta cette légèreté d'affections dans ses ouvrages , qui présentent plusieurs manières différentes.

1177. La Sainte-Famille.

La Vierge, assise sur les genoux de sainte Anne, soutient l'Enfant-Jésus; à leurs côtés, on voit saint Sébastien, l'apôtre saint Pierre, saint Benoît et le bon larron.

Haut. 2 m. 28 c. — Larg. 1 m. 76 c.

Sous le nuage qui porte la Sainte-Famille, le peintre a représenté en particulier la seigneurie de Florence, précédée de deux trompettes et de trois valets de ville, allant le 26 juillet porter à l'église Santa-Anna-sul-Prato l'offrande décrétée par la commune en 1343, pour célébrer l'anniversaire de l'expulsion du duc d'Athènes, qui s'était injustement emparé, à pareil jour, du gouvernement de la république de Florence.

1178. Portrait présumé de Giovanni delle Corniole, célèbre graveur.

Il fut contemporain du Pontorme. Sa tête, vue presque de face , est couverte d'un bonnet à oreille; il tient à la main un instrument de son art.

Haut. o m. 69 c. — Larg. o m. 52 c.

PORTA, *voir* **Fra Bartolommeo.**

PORTA (**Giuseppe**), *né à Garfagnana en 1520 , mort à Venise en 1570 ; élève de Francesco Salviati, peintre florentin. C'est pour cette raison qu'on le nomme communément Porta del Salviati.*

1179. Adam et Eve chassés du paradis terrestre.

Haut. 2 m. 21 c. — Larg. 1 m. 74 c.

PRETI (**Mattia**), *voir* **Calabrese.**

PRIMATICCIO (FRANCESCO), *né à Bologne vers 1490 mort en 1570. (École bolonaise.)*

Il apprit à dessiner chez Innocenzio Francucci da Imola, à peindre chez Bartolommeo Ramenghi, dit il Bagnacavallo, se perfectionna dans l'école de Jules Romain, et vint en France en 1531. Il a pris part aux travaux de peinture qui s'exécutèrent alors à Fontainebleau et dont la plus grande partie n'existe plus.

1180. Scipion et Allucius.

Scipion, après la prise de Carthagène, rend à Allucius la jeune princesse qui lui était fiancée, et ajoute à sa dot la rançon apportée pour la racheter.

Haut. 1 m. 27 c. — Larg. 1 m. 15 c.

1181. Sujet allégorique et inconnu.

Haut. 1 m. 24 c. — Larg. 1 m. 38 c.

PROCACCINI (GIULIO CESARE), *né à Bologne vers 1548, mort vers 1626. (Ecoles bolonaise et milanaise.)*

Il était fils du peintre Ercole Procaccini; on prétend qu'il fut élève du Carrache, mais il est plus certain qu'il étudia les ouvrages du Corrège, s'établit à Milan, où il forma avec sa famille une nouvelle école.

1182. La Vierge et l'Enfant-Jésus.

Saint François d'Assise, saint Jean-Baptiste, sainte Catherine d'Alexandrie, offrent leurs hommages à la Vierge et à l'Enfant-Jésus.

Haut. 1 m. 45 c. — Larg. 1 m. 07 c.

RAFFAELLINO DEL GARBO, *florentin, né vers* 1465, *mort en* 1524; *élève de Filippino Luppi.* (Ecole florentine.)

1183. Le couronnement de la Vierge.

En présence de la cour céleste, la Vierge reçoit la couronne de l'immortalité des mains de son fils. Quatre saints religieux sont sur le devant du tableau ; saint Benoît tient un livre et des verges ; saint Salvi, évêque de Vérone, une crosse et un livre ; saint Jean Gualbert Azzini, fondateur de la congrégation de Valombreuse, montre un crucifix ; saint Bernard Degli Uberti, cardinal et évêque de Parme, coiffé du chapeau rouge, tient une mître à la main.

Haut. 2 m. 92 c. — *Larg.* 1 m. 62 c.

RAPHAEL (RAFFAELLO SANZIO), *né à Urbin en* 1483, *mort en* 1520. (Ecole romaine.)

Son père était peintre, mais la conscience de sa médiocrité et le désir de seconder les talens naissans de son fils lui firent trouver le moyen de le placer auprès du Pérugin. Raphaël ne tarda point à surpasser son maître et à former bientôt lui-même une école florissante. On compte parmi ses élèves et ses amis, dont le Musée possède des ouvrages, Jules Romain, Polidoro, Pierino del Vaga, And. Sabbatini, Garofolo, Andrea di Assisi, Fra Bartolommeo, etc.

1184. La Sainte-Famille.

L'Enfant-Jésus s'élance de son berceau dans les bras de sa mère ; il est adoré par saint Jean qui lui est présenté par sainte Elisabeth. Un ange répand des fleurs sur la Vierge ; un autre se prosterne ; saint Joseph est absorbé dans la méditation. M. R.

Haut. 2 m. 11 c. — *Larg.* 1 m. 42 c.

Raphaël fit ce tableau en 1518, deux ans avant sa mort, pour François Ier, roi de France.

1185. La Sainte-Famille, connue sous le nom de *la belle jardinière*. M. R.

Haut. 1 m. 22 c. — Larg. o m. 80 c.

1186. Le sommeil de Jésus.

L'Enfant-Jésus repose; la Vierge soulève le voile dont il est couvert pour le montrer à saint Jean.

Haut. o m. 68 c. — Larg. o m. 44 c.

1187. Saint Michel terrasse le démon.

La scène se passe dans un désert hérissé de rochers, près de l'ouverture du gouffre infernal. M. R.

Haut. 2 m. 68 c. — Larg. 1 m. 60 c.

1188. La Vierge et l'Enfant-Jésus.

L'Enfant Jésus, appuyé sur sa mère, caresse le jeune saint Jean, qui lui est présenté par sainte Élisabeth.

Haut. o m. 38 c. — Larg. o m. 24 c.

1189. Saint Michel combat des monstres; sujet allégorique.

Dans le lointain, on voit une ville enflammée, des hommes vêtus d'une chappe de plomb, et plusieurs damnés tourmentés par des figures fantastiques.

Haut. o m. 31 c. — Larg. o m. 27 c.

En peignant ce tableau, Raphaël paraît avoir eu en vue l'Enfer du Dante, et notamment le passage du 23e. chant : *Fratri godenti fummo*, etc.

1190. Saint Georges, monté sur un cheval blanc, combat un énorme dragon, qu'il a déjà blessé.

La Vierge couronnée qui fuit, sur le deuxième plan, paraît désigner la Cappadoce arrachée à l'idolâtrie par les soins de ce généreux martyr.

Haut. o m. 32 c. — Larg. o m.

1191. La Vierge, l'Enfant-Jésus et saint Joseph.

Haut. 1 m. 21 c. — Larg. 0 m. 91 c.

1192. L'Abondance : modèle pour une fontaine.

La nymphe est debout dans une niche; au-dessous est un mascaron, dont une coquille forme la bouche.

Haut. 0 m. 38 c. — Larg. 0 m. 31 c.

Cette grisaille, sur laquelle on lit *Raphaël Urbinas*, a été aussi attribuée tantôt à Jules-Romain, et tantôt à Jean d'Udine, peintre que Raphaël a souvent associé à ses travaux, surtout pour les ornemens et les arabesques dont il enrichissait ses compositions.

1193. Portraits de Raphaël et de son maître d'armes.

Haut. 0 m. 99 c. — Larg. 0 m. 83 c.

On présume que ces deux portraits sont ceux de Raphaël et du Pontormo. Cet ouvrage a même été attribué au Pontormo.

1194. Portrait de Jeanne d'Arragon, vice-reine de Sicile.

Haut. 1 m. 20 c. — Larg. 0 m. 95 c.

La tête a été peinte par Raphaël, et le reste par Jules-Romain.

1195. Portrait du comte Balthasar Castiglione

Il était ami de Raphaël et célèbre par plusieurs ouvrages; il mourut évêque d'Avila, en 1529.

Haut. 0 m. 82 c. — Larg. 0 m. 67 c.

1196 Portrait d'un jeune homme.

Sa tête est appuyée sur sa main.

Haut. 0 m. 59 c. — Larg. 0 m. 44 c.

1197. Portrait d'homme.

Son bras est appuyé sur une table.

Haut. o m. 75 c. — Larg. o m. 59 c.

RAPHAEL (École de).

1198. Portrait d'homme vêtu de noir.

Haut. o m. 68 c. — Larg. o m. 58 c.

RENI (Guido), *voir* Guide.

RIBERA, *voir* Espagnolet.

RICCI (Sébastiano), *né à Cividal di Belluno, vers 1660, mort en 1734; élève de Fed. Cervelli et d'Al. Magnasco, dit Lissandrino.* (Ecole vénitienne.)

1199. Allégorie.

Les amours servent la France, dont un génie porte le diadême. La puissance exécutrice, décorée des attributs de Minerve et d'un chapelet, pour désigner la religion qu'elle professe, couronne la vertu guerrière, s'entoure des productions des arts, foule aux pieds l'ignorance, fait naître l'abondance et force le temps à laisser reposer sa faulx.

Haut. o m. 13 c. — Larg. o m. 84 c.

Ce tableau servit à la réception de l'auteur à l'Académie royale de peinture, en 1718.

RICCIARELLI, *voir* Daniel de Volterre.

RICCIO (Felice), *voir* Brusasorci.

ROBUSTI, *voir* Tintoret.

ROMANELLI (Gio. Francesco), *né à Viterbe en 1617, mort en 1662; élève de Pietre de Cortone.* (École romaine.)

1200. Vénus versant le dictame sur la blessure d'Enée.

Japis, instruit par Apollon dans l'art de guérir, essaie en vain d'arracher le trait de la jambe d'Enée. Enveloppée d'un nuage et servie par les Amours, Vénus, touchée des souffrances de son fils, jette les sucs de l'ambroisie et de la panacée dans l'infusion des plantes employées par le fils d'Iassus pour étancher le sang; bientôt les douleurs cessent, le sang s'arrête; le trait, sans aucun effort, suit la main qui le retire, Enée recouvre ses forces, et va retourner au combat.

Haut. 1 m. 60 c. — Larg. 2 m. 17 c.

ROSA, *voir* Salvatore.

ROSSELLI (Matteo), *né en 1578, mort en 1650; élève de Grégoire Pagani, et de Domenico Cresti de Passignano.* (École florentine.)

1201. Sainte-Famille.

La Vierge et les anges apportent des fleurs et des fruits à l'Enfant-Jésus assis sur les genoux de saint Joseph.

Haut. 1 m. 76 c. — Larg. 2 m. 18 c.

1202. Triomphe de David, vainqueur de Goliath.

Haut. 2 m. 35 c. — Larg. 2 m. 95 c.

ROSSELLI (Pier di Cosimo), *né à Florence en 1441, mort en 1521.* (École florentine.)

1203. La Vierge, l'Enfant-Jésus, la Madeleine et saint Bernard.

Haut. 1 m. 89 c. — Larg. 1 m. 77 c.

1204. Le couronnement de la Vierge.

La tête ceinte d'une tiare semblable à celle du pape, le Père Eternel, environné de la milice céleste, pose la couronne de l'immortalité sur la tête de la Vierge prosternée à ses pieds. Sur le premier plan saint Jérôme, saint François d'Assise, saint Bonaventure et saint Louis, évêque de Toulouse, sont debout avec les symboles qui les font reconnaître.

Haut. 2 m. 72 c. — Larg. 1 m. 89 c.

ROSSO, florentin, *mort en France en* 1541. (Ecole florentine.)

Il étudia le fameux carton de Michel-Ange, les ouvrages des anciens maîtres et dédaigna les écoles de son temps. Appelé par François Ier, il vint en France, où il fut connu sous le nom de maître Roux, fit plusieurs ouvrages à Fontainebleau, détruits aujourd'hui en grande partie, et termina sa vie par le poison, pour fuir le déshonneur d'avoir accusé injustement de vol Francesco di Pelligrino, son ami.

1205. La Visitation de la Vierge.

La Vierge est arrivée à la demeure de Zacharie, située dans la ville sacerdotale de la tribu de Juda. Là, en présence de plusieurs personnages, elle reçoit les hommages respectueux de sainte Elisabeth. Derrière la mère du précurseur, saint Joseph, appuyé sur un bâton, paraît rendre compte à un vieillard de l'objet du voyage. Le peintre a supposé que Zacharie était jeune; il l'a représenté debout sur la seconde marche qui conduit à son habitation, et tenant un grand livre ouvert, emblème qui sert à le faire reconnaître.

Haut. 2 m. 75 c. — Larg. 1 m. 68 c.

1206. Le Christ au tombeau.

Haut. 1 m. 28 c. — Larg. 1 m. 62 c.

SABBATINI (Andrea), *né à Salerne vers 1480, mort vers 1545. (Ecole napolitaine.)*

Un tableau peint par le Pérugin, pour la cathédrale de Salerne, détermine Sabbatini à l'aller prendre pour maître. Apprenant en route combien le jeune Raphaël lui était supérieur, il change de résolution, entre dans l'école de ce grand peintre, et se distingue par ses progrès. De retour dans sa patrie, il influa par ses ouvrages sur le style de l'école napolitaine.

1207. La Vierge visite sainte Elisabeth.

Haut. 1 m. 19 c. — Larg. 0 m. 73 c.

Sous la figure de la Vierge, le peintre a représenté la dernière princesse de Salerne, de la famille Villa Marina ; sous les traits de sainte Elisabeth, un eunuque de la maison ; et sous ceux de Zacharie, Bernardo Tasso, secrétaire des princes de Salerne, auteur d'*Amadigi*, poème en cent chants, fort estimé des Italiens. Il fut le père et le guide de Torquato Tasso, auteur de la Jérusalem délivrée.

SABBATINI (Lorenzo), *dit* Lorezino da Bologna, *mort en 1577 ; il étudia d'après les ouvrages de Raphaël, et chercha à imiter son style. (Ecole bolonaise.)*

1208. La Vierge et l'Enfant-Jésus.

Jésus, debout sur son berceau et soutenu par sa mère, montre le ciel au jeune précurseur, qui lui offre une croix de jonc.

Haut. 1 m. 73 c. — Larg. 1 m. 42 c.

SACCHI (Andrea), *né en 1600, mort en 1661. (Ecole romaine.)*

1209. Portrait de saint Bernard.

Haut. 0 m. 90 c. — Larg. 0 m. 70 c.

SACCHI DI PAVIA (PIER FRANCESCO). (Ecole milanaise.)

*Il peignit à Milan dès l'an 1460, et à Gênes jus-
qu'en 1526. Une aussi longue carrière ne paraît point
avoir été parcourue par un seul artiste, et fait présumer
l'existence de deux peintres portant le même nom, dont
l'un aura succédé à l'autre.*

1210. Les docteurs de l'église avec les symboles
des évangélistes.

Sous un portique ouvert, soutenu par des pilastres
richement décorés, les quatre docteurs de l'église latine sont assis autour d'une table de marbre blanc;
auprès d'eux, on remarque les symboles donnés aux
évangélistes. L'aigle est à côté de saint Augustin,
évêque d'Hipponne; le bœuf, près du pape Grégoire-
le-Grand; l'ange près de saint Jérôme; le lion ailé,
près de saint Ambroise occupé à tailler une plume.
Devant lui, une discipline indique sa conduite sévère
envers l'empereur Théodose.

Haut. 1 *m.* 98 *c.* — *Larg.* 1 *m.* 67 *c.*

Sur un cartel posé près du pied de la table, on lit : *Petri Francisci
Sachi de Papia, opus* 1516.

SALVATORE ROSA , *né à Naples en* 1615 *, mort en*
1673. (Ecole napolitaine.)

*Il passa de l'école de Francesco Francanziani dans
celles d'Aniello Falcone et de l'Espagnolet. La peinture
ne fut point son unique occupation; il cultiva les muses,
fit des satires et grava à l'eau-forte.*

1211. L'ange et Tobie.

L'ange du Seigneur dit à Tobie : « Prenez le pois-
» son par les ouies et entraînez-le à vous. »

Haut. 0 *m.* 26 *c.* — *Larg.* 0 *m.* 21

1212. La pythonisse d'Endor.

Elle évoque l'ombre de Samuel par ordre de Saül, qui veut le consulter sur l'issue de la guerre entreprise contre David et les Philistins.

Haut. 2 m. 73 c. — Larg. 1 m. 94 c.

1213. Bataille sur terre.

Dans le fond du tableau, on aperçoit des vaisseaux embrasés.

Haut. 2 m. 17 c. — Larg. 3 m. 51 c.

1214. Paysage.

Un chasseur tue un oiseau d'un coup de fusil; des guerriers se reposent sur la cîme d'un rocher.

Haut. 1 m. 42 c. — Larg. 1 m. 93 c.

1215. Marine.

Sur le devant, on voit des guerriers couverts de leur armure; et, plus loin, une barque et des mariniers.

Haut. 0 m. 48 c. — Larg. 0 m. 73 c.

SALVI (GIO. BATISTA), *voir* SASSOFERRATO.

SALVIATI (FRANCESCO ROSSI DE), *né à Florence en 1510, mort en 1563. (Ecole florentine.)*

Il apprit à dessiner sous Baccio Bandinelli, à peindre chez Raffaello da Brescia, peintre peu connu, d'où il passa dans l'école d'Andrea del Sarto. Appelé par le roi François Ier, il vint en France en 1554 et y fit quelques ouvrages.

1216. L'incrédulité de saint Thomas.

Haut. 2 m. 75 c. — Larg. 2 m. 32 c.

SANZIO, *voir* RAPHAEL.

SASSOFERRATO (GIO. BATISTA SALVIDA), *né en* 1605, *mort en* 1685; *on ignore le nom de son maître.* (Ecole romaine.)

1217. Sommeil de Jésus sur les genoux de sa mère.

Des chérubins remplissent les angles supérieurs du tableau.

Haut. 0 m. 76 c. — *Larg.* 0 m. 62 c.

1218. L'assomption de la Vierge.

Debout, les mains jointes, les yeux levés vers le ciel, la Vierge est transportée par des chérubins au céleste séjour.

Haut. 1 m. 43 c. — *Larg.* 0 m. 85 c.

1219. Tête de Vierge.

Haut. 0 m. 45 c. — *Larg.* 0 m. 34 c.

SCHIAVONE (ANDREA MEDOLA, *dit* LE), *né à Sebenico, en Dalmatie, en* 1522, *mort en* 1582; *il se forma sur les ouvrages du Giorgion et du Titien.* (Ecole vénitienne.)

1220. Buste de saint Jean-Baptiste.

Haut. 0 m. 49 c. — *Larg.* 0 m. 37 c.

Quelques auteurs ont attribué ce tableau à Raphaël.

SCHIDONE *ou* **SCHEDONE** (BARTOLOMMÉO), *de Modène, où il mourut jeune, en* 1615. (Ecole de Parme.)

Il se forma sur les ouvrages du Corrège, et fut, selon quelques personnes, élève des Carrache.

1221. La Sainte-Famille.

Haut. 1 m. 05 c. — *Larg.* 0 m. 88 c.

1222. Le Christ porté au tombeau.

Les disciples de Jésus, guidés par un ange tenant un flambeau, portent le corps du Sauveur à la sépulture.

Haut. 1 m. 36 c. — Larg. 0 m. 28 c.

1225. Le Christ au Tombeau.

En présence des disciples et des saintes femmes, le corps de Jésus, près d'être enseveli, est posé, avec l'aide de Marie-Madeleine, sur le bord du monument.

Haut. 2 m. 48 c. — Larg. 1 m. 81 c.

SCIARPELLONI (LORENZO), *voir* CREDI.

SEBASTIEN DEL **PIOMBO** (FRA BASTIANO LU-CIANO, *dit*), *né en 1485, mort en 1547. (Ecole véni-tienne.)*

Il abandonna l'école de Gio. Bellini pour suivre celle du Giorgion. Michel-Ange l'aida de ses conseils et lui inspira un meilleur goût de dessin. Le titre de Fra del Piombo lui vient de la charge de scelleur qu'il exerçait à la chancellerie papale.

1224. La Vierge vient visiter sainte Elisabeth.

Haut. 1 m. 66 c. — Larg. 1 m. 29 c.

1225. Portrait de Baccio Bandinelli, peintre et sculpteur florentin.

Haut. 1 m. 11 c. — Larg. 0 m. 91 c.

SERVANDONI (GIO. NICOLO), *architecte, peintre-dé-corateur, né à Florence en 1695, mort à Paris en 1756. (Ecole romaine.)*

1226. Réunion de ruines.

Celles du premier plan sont d'ordre ionique. L'ouverture d'une arcade laisse apercevoir un obélisque et les restes d'un temple d'ordre dorique. Sur le devant, une femme debout cause avec un guerrier assis.

Haut. 2 m. 62 c. — Larg. 1 m. 96 c.

SOLARI (ANDREA) OU DEL GOBBO , *vivait en 1530.*
(Ecole milanaise.)

Elève de Gaudenzio Ferrari, on le confond quelquefois avec Andréa Salai ou Salaini, qui fut disciple de Léonard de Vinci, MILANAIS *comme Solari et son contemporain.*

1227. Salomé, fille d'Hérodiade.

Elle reçoit dans un bassin la tête de saint Jean-Baptiste, qui lui est présentée par un bourreau dont on ne voit que le bras.

Haut. 0 m. 62 c. — Larg. 0 m. 53 c.

Ce tableau, souvent attribué à Léonard, a été acheté par Louis XIV comme une production de Solari; depuis il a toujours été indiqué parmi les ouvrages de ce maître dans les anciens inventaires.

1228. La Vierge et l'Enfant-Jésus.

La Vierge donne le sein à l'Enfant-Jésus couché sur un coussin recouvert d'une étoffe verte. M. R.

Haut. 0 m. 59 c. — Larg. 0 m. 47 c.

SOLIMENE (FRANCESCO SOLIMENA), *dit* l'ABBATE CICCIO, *né à Nocéra de Pagani en 1657, mort à Naples en 1747.* (Ecole napolitaine.)

Elève pendant quelque temps d'Angelo Solimena, son père, et de Francesco di Maria, il se forma une manière expéditive en étudiant les ouvrages de Lanfranc, du Calabrèse et de Pietre de Cortone.

1229. Héliodore chassé du Temple.

Malgré les vives représentations du grand-prêtre

Onias, Héliodore, pour obéir aux ordres de Séleucus, est entré dans le temple de Jérusalem dans le dessein d'en enlever le trésor; mais ceux qui le suivent sont renversés par une vertu divine; et, saisi d'une grande frayeur lui-même, foulé aux pieds d'un cheval monté par un guerrier revêtu d'armes éblouissantes, fouetté par deux jeunes gens d'une force et d'une beauté surprenantes, frappé d'aveuglement, chassé du temple, il ne doit le rétablissement de sa santé qu'aux prières d'Onias.

Haut. 1 m. 50 c. — Larg. 2 m. 05 c.

1230. Satan épie le moment favorable pour tenter Adam et sa compagne.

Haut. 0 m. 55 c. — Larg. 0 m. 44 c.

SPADA (LIONELLE), *né à Bologne en* 1576, *mort en* 1621. (École bolonaise.)

Il se forma à l'école des Carrache, de Césare Baglione et de Girolamo Certi, dit le Dentone, et perfectionna ses talens à Rome et à Malte sous la conduite de M.-A. de Caravage.

1231. L'enfant prodigue implore la clémence de son père. M. R.

Haut. 1 m. 60 c. — Larg. 1 m. 19 c.

1232. Martyre de saint Christophe.

Le saint, à genoux, dépouillé de ses vêtemens et près d'être décollé, va recevoir d'un ange la couronne du martyre.

Haut. 3 m. 10 c. — Larg. 2 m. 0 c.

Au bas du tableau une épée (en italien *spada*), coupée par la lettre L forme le chiffre dont le peintre se servait pour signer ses ouvrages.

1233. Un concert.

Quatre jeunes gens vont exécuter un concert; l'un d'eux accorde son instrument; le plus âgé enseigne à son voisin la partie qu'il doit faire, et le plus jeune semble, par son geste, inviter les spectateurs au silence.

Haut. 1 m. 42 c. — Larg. 1 m. 72 c.

SPAGNUOLO (LO), *voir* CRESPI.

STROZZI ou **STROZZA** (BERNARDO) , *né à Gênes en 1581, mort en 1644; il eut pour maître Pierre Sorri (Ecole génoise.)*

Il est encore appelé il Cappuccino ou il Prete Genonese, pour avoir été capucin et prêtre sécularisé.

1254. Saint Antoine de Padoue tient l'Enfant-Jésus qui le caresse.

Haut. 0 m. 98 c. — Larg. 0 m. 77 c.

1255. La Vierge et l'Enfant-Jésus portés sur des nuages.

La Vierge indique, sur le premier plan, un ange qui montre les attributs de la puissance souveraine: un glaive, un sceptre, une couronne, un livre sur lequel on lit ces mots, *Suprema lex esto;* à gauche, on voit près de la bordure un faisceau d'armes, et à droite un niveau.

Haut. 2 m. 24 c. — Larg. 1 m. 32 c.

TIARINI (ALESSANDRO) , *ne à Bologne en 1577, mort en 1658. Il se forma dans les écoles de Prospero Fontana, de Bartolommeo Cesi et du Passignano. (Ecole bolonaise.)*

1256. Saint Joseph désabusé par l'ange du Seigneur.

Il demande pardon à la Vierge d'avoir soupçonné sa vertu et formé le projet de la renvoyer à ses parens. Marie prend le ciel à témoin de son innocence, et les anges applaudissent à leur réunion.

Haut. 3 m. 20 c. — Larg. 2 m. 12 c.

TINTI (Gio. Batista), *de Parme, vivait en 1590*
(Ecole parmesane.)

Il fut élève d'Orazio Samacchini, et perfectionna ses talens en étudiant les ouvrages de Tibaldi, du Corrège et du Parmesan.

1257. Le mystère de la passion.

Les anges en présentent les instrumens à Jésus endormi sur les genoux de sa mère. Elle est accompagnée de saint Joseph et d'un saint évêque. Sur le devant du tableau, saint Jean-Baptiste joue avec un mouton.

Haut. 2 m. 53 c. — Larg. 1 m. 56 c.

TINTORET (Jacopo Robusti, dit le), *ne à Venise en 1512, mort en 1594.* (École vénitienne.

Il étudia les ouvrages de M.-A. Buonarotti et ceux du Titien, qui le congédia de son école par jalousie quelque temps après l'y avoir reçu.

1258. Le Christ mort soutenu et pleuré par les anges.

Haut. o m. 29 c. — Larg. o m. 19 c.

1259. Esquisse du paradis.

Haut. 1 m. 43 c. — Larg. 3 m. 62 c.

1240. Susanne au bain.

Haut. 1 m. 67 c. — Larg. 2 m. 44 c.

1241. Portrait du Tintoret.

Haut. o m. 62 c. — Larg. o m. 49 c.

1242. Portrait d'un homme chauve portant barbe.

Il est vêtu de noir, tient de la main droite un mouchoir, et de la gauche un bonnet.

Haut. o m. 14 c. — Larg. o m. 89 c.

1243. Portrait d'homme.

Il a la barbe rousse et fourchue, la tête nue et les cheveux courts; il est revêtu d'une robe noire sur un pourpoint violet; la main gauche pose sur la hanche et la droite tient un papier.

Haut. 1 m. 09 c. — *Larg.* 0 m. 88 c.

TISIO, *voir* GAROFOLO.

TITIEN (TIZIANO VECELLIO), *né à Cadore en 1477, mort en 1576. (École vénitienne.)*

Il passa de l'école de Sebastiani Zuccari dans celle de Gio. Bellini, et devint emule du Giorgion. Ses élèves ou imitateurs, dont le Musée possède des ouvrages sont Bonvicino dit le Maretto, Pâris Bordone, le Tintoret, Bonifacio, etc.

1244. La Vierge et l'Enfant-Jésus.

La Vierge tient l'Enfant-Jésus sur ses genoux et lève de la main droite la partie du voile qui lui couvre le sein. A la droite du spectateur, on voit saint Étienne, premier martyr, en dalmatique; saint Ambroise occupé de la lecture, et saint Maurice couvert de son armure.

Haut. 1 m. 13 c. — *Larg.* 1 m. 40 c.

1245. Deux anges adorent l'Enfant-Jésus couché sur les genoux de la Vierge.

Haut. 0 m. 76 c. — *Larg.* 0 m. 67 c.

1246. Sainte-Famille.

La Vierge, assise à terre, tient un lapin blanc que l'Enfant-Jésus, dans les bras de sainte Catherine, paraît lui demander avec instance. Sur la droite du tableau, des moutons paissent et saint Joseph caresse une brebis noire.

Haut. 0 m. 70 c. — *Larg.* 0 m. 66 c.

1247. Sainte Agnès présente à Jésus la palme de son martyre.

Elle pose la main sur l'agneau que saint Jean-Baptiste vient offrir au Seigneur.

Haut. 1 m. 57 c. — Larg. 1 m. 60 c.

1248. Le repos de la Sainte-Famille.

Fond de paysage.

Haut. 0 m. 81 c. — Larg. 1 m. 08 c.

1249. Les pélerins d'Emmaüs. M. R.

Haut. 1 m. 69 c. — Larg. 2 m. 48 c.

Si l'on en croit la tradition, le pélerin qui est à droite du Sauveur représente l'empereur Charles V; celui que l'on voit à sa gauche, le cardinal Ximenès; et le page, Philippe II, qui fut roi des Espagnes.

1250. Le Christ entre un soldat et un bourreau.

Haut. 1 m. 14 c. — Larg. 1 m. 14 c.

On a quelquefois attribué cet ouvrage à Pâris Bordone.

1251. Le couronnement d'épines.

Le Christ, un roseau à la main, est assis à la porte du prétoire; un soldat lui tient les mains liées, d'autres le couvrent d'ignominie et lui font entrer de force une couronne d'épines sur la tête.

Le buste de Tibère, placé au-dessus de la porte de la prison, indique que ce fut sous le règne de cet empereur que Jésus a été crucifié.

Haut. 3 m. 03 c. — Larg. 1 m. 80 c.

1252. Le Christ porté au tombeau. M. R.

Haut. 1 m. 52 c. — Larg. 2 m. 14 c.

1253. Saint Jérôme, à genoux dans sa grotte, se frappe la poitrine à coups de pierre.

Haut. 0 m. 82 c. — Larg. 1 m. 02 c.

1254. Le concile de Trente.

Première session du concile de Trente, tenu le 13

décembre 1545, à laquelle les seuls ambassadeurs de Ferdinand, roi des Romains, assistèrent; celui de l'empereur d'Autriche était demeuré malade à Venise; ceux de François Ier, roi de France, avaient été rappelés à cause du long retardement de l'ouverture du concile.

Haut. 1 m. 17 c. — Larg. 0 m. 78 c.

Quelques auteurs ont attribué ce tableau à Bonifazio.

1235. Jupiter et Antiope.

Sous la forme d'un satyre, Jupiter considère Antiope endormie et lève une draperie pour mieux jouir de ses charmes. Un simple tronc d'arbre la sépare de sa compagne qui, ayant cueilli des fleurs, s'entretient avec un satyre; à la droite du spectateur, deux chasseurs animent leurs chiens à la chasse d'un cerf déjà atteint sur les bords d'un torrent.

Haut. 1 m. 96 c. — Larg. 3 m. 85 c.

1236. Portrait de François Ier, roi de France.

Sa tête est couverte d'une toque ornée d'une plume blanche, et sa main posée sur la garde de son épée.

Haut. 1 m. 09 c. — Larg. 0 m. 89 c.

1237. Portrait d'un commandeur de l'ordre de Malte.

Il est vêtu d'un habit fourré.

Haut. 0 m. 60 c. — Larg. 0 m. 51 c.

1238. Portrait d'Alphonse d'Avalos, marquis de Guast, lieutenant-général des armées de l'Empereur Charles V, en Italie, mort en 1546, âgé de 42 ans.

Il porte la main sur le sein de sa maîtresse, dont la beauté lui paraît digne des hommages de l'univers :

L'Amour lui confie ses flèches, Flore et Zéphire lui apportent le tribut de leur empire.

Haut. 1 m. 21 c. — Larg. 1 m. 07 c.

1259. Portraits présumés du Titien et de sa maîtresse.

Haut. 0 m. 94 c. — Larg. 0 m. 78 c.

1260. Portrait d'homme vêtu de noir.

Il porte barbe et moustaches; la main droite est posée sur la hanche, et le pouce gauche passé dans une écharpe.

Haut. 1 m. 81 c. — Larg. 0 m. 96 c.

1261. Portrait d'un jeune homme vêtu de noir.

Il a le coude appuyé sur un socle, la main droite est nue, la gauche est gantée.

Haut. 1 m. 02 c. — Larg. 0 m 89 c.

1262. Portrait d'homme à longue barbe.

La main gauche est appuyée sur un piédestal, et la droite pose sur la garde de son épée.

1263. Portrait d'homme vêtu de noir.

La main droite est ouverte, la gauche posée sur le genou; dans le fond on voit une colonne sur un piédestal

Haut. 0 m. 99 c. — Larg. 0 m. 82 c.

1264. Portrait d'homme.

La main gauche est gantée, la droite tient un gant.

Haut. 0 m. 90 c. — Larg. 0 m. 73 c.

1265. Portrait du Cardinal Hippolyte de Médicis, coiffé d'une toque rouge.

Étude.

Haut. 0 m. 64 c. — Larg. 0 m. 55 c.

TORBIDO (Francesco), *dit il moro, de Vérone, élève du Giorgion et de Liberale, peintre de Verone, qui le fit son héritier.* (Ecole vénitienne.)

1266. Le main de l'empereur Charles V.

Représenté en pied, de grandeur naturelle, il a le costume de chevalier et porte la main gauche sur un chien.

Haut. 1 m. 27 c. — Larg. 0 m. 93 c.

Ce tableau a souvent été attribué à Antonio Moro, qui a beaucoup travaillé pour Charles V.

TREVISANI (Francesco), *né à Trevigi en 1656, mort en 1749; élève d'Antonio Zanchi.* (Ecole vénitienne.)

1267. Le sommeil de Jésus.

La Vierge couvre d'une draperie l'Enfant-Jésus qui dort; saint Jean lui baise la main, trois anges charment son sommeil par leurs chants célestes.

Haut. 1 m. 51 c. — Larg. 1 m. 26 c.

1268. La Vierge et l'Enfant-Jésus.

Jésus, assis sur une table, montre à sa mère une grenadille, symbole mystérieux de la passion ; la Vierge, qui le soutient, lui montre une tige de lis, image de sa pureté inaltérable.

Haut. 0 m. 71 c. — Larg. 0 m. 56 c.

TURCHI, *voir* Alexandre Véronèse.

UGGIONE (Marco), *mort en 1520; élève de Léonard de Vinci.* (Ecole milanaise.)

Il est encore appelé Marco Uglone ou Marco da Oggiono, hameau du Milanais, sa patrie.

1269. Sainte-Famille.

L'Enfant-Jésus, assis et accompagné de sainte Anne

de saint Joachim, de la Vierge et de saint Joseph, refuse au jeune saint Jean l'oiseau qu'il tient dans la main. Sur un plan plus éloigné, le peintre a représenté les anges annonçant aux bergers la présence du Messie.

Haut. o m. 18 c. — Larg. o m. 71 c.

VACCARO (ANDRÉA), *né à Naples en 1598, mort en 1672; élève de Girolamo Imparato, il imita d'abord le Caravage, puis le Guide.* (Ecole napolitaine.)

1270. Vénus et Adonis.

Vénus laisse éclater sa douleur à la vue d'Adonis, victime de la jalousie du dieu Mars, et blessé à mort par un sanglier.

Haut. 2 m. o5 c. — Larg. 2 m. 64 c.

VANNI (FRANCESCO), *né à Sienne en 1565, mort vers 1610.* (Ecole de Sienne.)

Il passa de l'école de Ventura Salimbeni dans celle de Bart. Passaroti, de Gio. de Vecchi, et perfectionna ses talens en étudiant les ouvrages du Barroche et du Corrège.

1271. Un ange présente à la Vierge des alimens pour l'Enfant-Jésus.

Haut. o m. 25 c. — Larg. o m. 20 c.

1272. Sainte-Famille.

L'Enfant-Jésus, debout sur les genoux de sa mère, essaie d'atteindre les fruits que saint Joseph lui présente.

Haut. o m. 51 c. — Larg. o m. 37 c.

1273. Martyre de sainte Irène.

Cette vierge, ayant caché les livres saints contre

les ordres de l'empereur Dioclétien, fut mise en prison, percée d'une flèche, et brûlée par ordre de Dul-
cétius.

Haut. o m. 51 c. — Larg. o m. 37 c.

VANNI (Furino), *de Pise.*

1274. La Vierge, l'Enfant-Jésus, et quelques
anges jouant de divers instrumens.

Haut. 1 m. 37 c. — Larg. o m. 53 c.

VANNUCCHI, *voir* André del Sarte.

VANNUCCI (Pietro della Pieve), *voir* Pérugin.

VAROTARI, *voir* Padouan.

VASARI (Giorgio), *né à Arezzo en* 1512, *mort en*
1574. (École florentine.)

*Il étudia d'abord sous Guillaume de Marseille,
peintre français sur verre, puis sous M.-A. Buonarotti,
Andréa del Sarto, le Rosso, et devint peintre et architecte. Nous lui devons plusieurs ouvrages de littérature,
dont le plus célèbre est la Vie des Artistes Italiens,
depuis la renaissance des arts jusqu'à l'époque où il
vivait.*

1275. La salutation angélique.

L'Esprit-Saint pénètre des rayons de sa gloire la
chambre de la Vierge. Assise près de son lit, elle porte
modestement la main sur sa poitrine et paraît troublée.
L'ange Gabriel, à genoux sur des nuages, exécute avec
respect le divin message.

Haut. 2 m. 16 c. — Larg. 1 m. 67 c.

1276. La passion de Notre-Seigneur Jésus-
Christ.

Haut. o m. 61 c. — Larg. o m. 51 c.

VECELLI, *voir* TITIEN.

VÉLASQUEZ (Don Diego Rodriguez de Silva), *né en 1559, à Séville, mort en 1660; élève de Francisco Herrera le Vieux et de Francisco Pacheco. (École espagnole.)*

1277. Portrait de l'infante Marguerite-Thérèse, fille de Philippe IV, roi d'Espagne, et de Marie-Anne d'Autriche, son épouse.

Elle naquit le 12 juillet 1651, fut mariée à l'empereur Léopold en 1666, et mourut le 11 mars 1673.

Haut. 0 m. 70 c. — Larg. 0 m. 59 c.

VINCI (DA), *voir* LÉONARD.

ZAMPIERI, *voir* DOMINIQUIN.

COPIES.

1278. L'incendie du bourg.

Haut. 4 m. 75 c. — Larg. 5 m. 07 c.

1279. L'école d'Athènes.

Haut. 5 m. 04 c. — Larg. 8 m. 07 c.

1280. La messe.

Haut. 5 m. 04 c. — Larg. 6 m. 91 c.

1281. Le Parnasse.

Haut. 4 m. 8 c. — Larg. 7 m. 07 c.

1282. La bataille de Constantin.

Haut. 4 m. 35 c. — Larg. 10 m. 39 c.

1283. La vision de Constantin.

Haut. 4 m. 20 c. — Larg. 5 m. 04 c.

Ces copies ont été exécutées par les premiers élèves de l'École des Beaux-Arts de France à Rome, fondée en 1666, d'après les ouvrages originaux peints à fresque par Raphaël, et qui existent au Vatican.

1284. Le Christ au Tombeau, d'après Michel Ange de Caravage.

Haut. 03 m. 01 c. — Larg. 2 m. 07 c.

1285. La cène, d'après Léonard de Vinci.

Haut 2 m. 60 c. — Larg. 5 m. 49 c.

Ce tableau est une copie de l'ouvrage original que Léonard exécuta vers l'an 1496 dans le réfectoire des Dominicains de Milan.

1er $\mathfrak{Supplément}$.

ÉCOLE FRANÇAISE.

BACHELIER (JEAN-JACQUES), *né en 1724, mort en 1805.*

1286. La chasse au lion.

Haut. 2 m. 82 c. — Larg. 2 m. 26 c.

1287. La chasse à l'ours.

Haut. 2 m. 82 c. — Larg. 2 m. 26 c.

BOULLONGNE (BON), *né à Paris en 1649, mort dans la même ville en 1717, fils ainé et élève de Louis Boullongne.*

1288. Saint Benoît ressuscitant un enfant.

Haut. 1 m. 08 c. — Larg. 2 m. 35 c.

CHARDIN (JEAN-BAPTISTE-SIMÉON), *né à Paris en 1699, mort dans la même ville en 1780.*

1289. Intérieur de cuisine.

On y voit une raie.

Haut. 1 m. 15 c. — Larg. 1 m. 45 c.

1290. La leçon.

Haut. 0 m. 50 c. — Larg. 0 m. 39 c.

1291. Le bénédicité.

Haut. 0 m. 50 c. — Larg. 0 m. 39 c.

CLOUET (François), dit Janet (attribué à), page 3.

1292. Portrait de Henri II, roi de France.

Haut. o m. 38 c. — Larg. o m. 29 c.

1293. Portrait de Catherine de Médicis, femme de Henri II.

Haut. o m. 30 c. — Larg. o m. 25 c.

1294. Portrait de François de Lorraine, duc de Guise.

Haut. o m. 32 c. — Larg. o m. 24 c.

1295. Portrait de Claude de Beaune, dame de Châteaubrion et de la Carte, qui vivait en 1567.

Ce portrait a été peint en 1563.

Haut. o m. 31 c. — Larg. o m. 23 c.

DESPORTES (François), page 8.

1296. La chasse au loup.

Haut. 2 m. 65 c. — Larg. 3 m. 43 c.

1297. Chiens chassant des faisans.

Haut. 1 m. 62 c. — Larg. 2 m. o c.

FAVRAY (le chevalier).

1298. Conversation de dames maltaises.

Haut. o m. 49 c. — Larg. o m. 65 c.

GREUZE (Jean-Baptiste), page 10.

1299. La cruche cassée.

Haut. 1 m. 11 c. — Larg. o m. 89 c.

INCONNU.

1300. Portrait d'Isabeau de Bavière.

Haut. o m. 30 . — Larg. o m. 22 c.

LEBLOND (Jean), *né à Paris, mort dans la même ville en 1709, âgé de 74 ans.*

1301. Jupiter foudroyant les Géans qui assiégent l'Olympe.

Haut. 1 m. 45 c — Larg. 2 m.

LEMOINE (François), *né à Paris en* 1688, *mort le* 4 *juin* 1737.

1302. Hercule assommant Cacus.

Hercule pénètre dans la caverne de Cacus, le saisit, le terrasse et l'assomme de sa massue.

Haut. 1 m. 31 c. — *Larg.* 1 m. 70 c.

LENAIN (Louis-Antoine), page 18.

1303. L'Adoration des Bergers.

Haut. 2 m. 86 c. — *Larg.* 1 m. 29 c.

LESUEUR (Eustache), page 19.

1304. Ganimède enlevé par Jupiter.

Haut. 1 m. 27 c. — *Larg.* 1 m. 10 c.

MIGNARD (Pierre), *surnommé le* Romain, page 29.

1305. La Foi, vertu théologale.

Haut. 0 m. 49 c. — *Larg.* 0 m. 62 c.

1306. L'Espérance, vertu théologale.

Haut. 0 m. 49 c. — *Larg.* 0 m. 62 c.

PAGNEST (Amable-Louis-Claude), *né le* 9 *juin* 1790 *mort le* 25 *mai* 1819.

1307. Portrait en pied de M. de Nanteuil-La-norville.

Haut. 1 m. 27 c. — *Larg.* 1 m. 62 c.

PATEL le fils.

1308. Le Printemps.

Haut. 0 m. 45 c. — *Larg.* 0 m. 65 c

1309. L'Été.

Haut. 0 m. 45 c. — *Larg.* 0 m. 65 c.

1510. L'Automne.

Haut. o m. 45 c. — Larg. o m. 65 c.

1511. L'Hiver.

Haut. o m. 45 c. — Larg. o m. 65 c.

REGNAULT (JEAN-BAPTISTE), *né à Paris le 19 octobre 1754, mort dans la même ville le 12 novembre 1829.*

1312. Descente de croix.

Haut. 4 m. 30 c. — Larg. 2 m. 38 c.

1313. Éducation d'Achille par le centaure Chiron.

Haut. 2 m. 4 c. — Larg. 2 m. 14 c.

RIGAUD (HYACINTHE), page 40.

1314. Portrait en pied de Philippe V, roi d'Espagne.

Haut. 2 m. 30 c. — Larg. 1 m. 55 c.

TAUNAY (NICOLAS-ANTOINE), *mort en 1830, âgé de 75 ans*

1315. Passage de la Guadarama, en Espagne, par l'armée française.

Haut. 2 m. 36 c. — Larg. o m. 90 c.

THÉOLON (N.).

1316. Portrait de vieille femme.

Haut. o m. 23 c. — Larg. o m. 28 c.

TOCQUÉ (LOUIS), *né en 1695, mort le 10 février 1772.*

1317. Portrait de Mme de Graffigny.

Haut. o m. 81 c. — Larg. o m. 85 c.

VERNET (Claude-Joseph), page 46.

1518. Port de mer, effet de brouillard.

A gauche sont une tour et la poupe d'une galère.

Haut. 0 m. 74. c — Larg. 1 m. 27 c.

1519. Vue de Marseille.

Effet de soleil à travers un brouillard.

Haut. 0 m. 33 c. — Larg. 0 m. 38 c.

1520. Vue de Marseille.

Haut. 0 m. 33 c. — Larg. 0 m. 38 c.

1521. Marine avec figures.

Haut. 0 m. 44 c. — Larg. 0 m. 65 c.

VOUET (Simon), page 51.

1522. Le Christ en croix et les Saintes-Femmes.

Haut. 1 m. 08 c. — Larg. 0 m. 78 c.

ÉCOLES

FLAMANDE, ALLEMANDE ET HOLLANDAISE.

CHAMPAIGNE (Philippe de), page 64.

1323. Le Christ en croix.

> *Haut. 2 m. 25 c. — Larg. 1 m. 5o c.*

1324. Portrait présumé de Mme L. M. Arnauld, sœur de N. Arnauld et mère de la mère Angélique.

> *Hau . o m. 61 c. — Larg. o m. 51 c.*

CRANACK (Lucas Muller, *dit* Luc de), page 67.

1325. Les couches de la Vierge.

> *Haut. o m. 61 c. — Larg. o m. 75 c.*

1326. Vénus en pied, dans un paysage.

> *Haut. o m. 38 c. — Larg. o m. 27 c.*

GOYEN (Jean Van), page 78.

1327. Marine.

> *Haut. o m. 4o c. — Larg. o m. 6o c.*

HUGTENBURG (Jean Van), *né à Harlem en 1646, mort à Amsterdam en 1733.*

1328. Choc de cavalerie.

> *Haut. o m. 63 c. — Larg. o m. 84 c.*

INCONNU.

1329. L'enlèvement d'Hélène.

> *Haut. 1 m. o6 c. — Larg. o m. 35 c.*

1330. La Vierge et l'Enfant-Jésus.

> *Haut. o m. 8o c. — Larg. o m. 62 c.*

1331. Portrait d'homme.

> *Haut. o m. 4o c. — Larg. o m. 35 c.*

MEULEN (Antoine-François-Vander), page 95.

1332. Valenciennes prise d'assaut et sauvée du pillage par la clémence de Louis XIV.

Haut. 2 m. 26 c. — Larg. 3 m. 35 c.

NEEFS (Peeter), page 100.

1333. Intérieur d'église.

Haut. o m. 26 c. — Larg. o m. 34 c.

OMMEGANCK (N.), *mort à Anvers, sa patrie, le 18 janvier 1826.*

1334. Paysage.

Sur le devant on voit des moutons.

Haut. o m. 68 c. — Larg. o m. 98 c.

RUBENS (Pierre-Paul), page 110.

1335. L'Amour conduit un jeune homme devant une femme qui joue de la guitare.

Haut. 1 m. 70 c. — Larg. 2 m. 36 c.

RUTHART (Charles).

1336. Chasse à l'ours.

Haut. o m. 87 c. — Larg. o m. 65 c.

SWANEVELT (Herman), page 124.

1337. Paysage; effet de soleil couchant.

Au pied d'un arbre sont cinq personnages, dont trois femmes; plus loin un pâtre assis garde son troupeau.

Haut. o m. 56 c. — Larg. o m. 68 c.

WOUWERMANS (Pierre), page 134.

1338. Halte de chasseurs et de cavaliers devant une hôtellerie.

Hau . o m. 35 c. — Larg. o m. 34 c.

ÉCOLES D'ITALIE.

ANDRIA (Tuccio *ou* Tuzio da), *vivait en* 1487.

1339. Jésus au milieu des apôtres.

Frise peinte sur fond doré et décoré de fleurs.

Haut. o m. 18 c. — Larg. 2 m. 04 c.

ANGELI (Filippo d'), *detto il* Napolitano, *mort jeune sous le pontificat d'Urbain VIII.*

1340. Le satyre et le paysan.

Haut. o m. 39 c. — Larg. o m. 50 c.

BASSAN (Bassano Francesco da Ponte), *mort en* 1591, *âgé de* 43 *ans.*

1341. Marché au poisson sur le bord de la mer.

Haut. 1 m. 20 c. — Larg. o m. 74 c.

CANALETTO (Antoine Canal, *dit le*), page 154.

1342. Vue de Venise.

Haut. o m. 64 c. — Larg. 1 m. 00 c.

1343. Vue de Venise.

Haut. o m. 64 c. — Larg. 1 m. 00 c.

1344. Vue de Venise.

Haut. o m. 64 c. — Larg. 1 m. 00 c.

1345. Vue de Venise

Haut. o m. 64 c. — Larg. 1 m. 00 c.

FASSOLO (Bernardino da Pavia), page 174.

1546. Adoration des Bergers.

Haut. 3 m. 66 c. — Larg. 2 m. 00 c.

INCONNU.

1547. La Vierge, saint Jean et saint François.

Haut. 0 m. 34 c. — Larg. 0 m. 30 c.

1548. La Vierge sur un trône environné des douze apôtres.

Haut. 0 m. 56 c. — Larg. 0 m. 21 c.

1549. Le Calvaire.

Sur fond d'or.

Haut. 0 m. 42 c. — Larg. 0 m. 77 c.

1550. Un religieux debout.

Haut. 0 m. 35 c. — Larg. 0 m. 60 c.

MAXIME (le chevalier).

1551. Saint Sébastien.

aut. 1 m. 54 c. — Larg. 1 m. 29 c.

ORCAGNA ou **ORGAGNA** (Andrea), page 203.

1552. Mort d'un religieux.

Haut. 0 m. 31 c. — Larg. 0 m. 40 c.

PANNINI (Giampolo), page 205.

1553. Intérieur de l'église St.-Pierre, à Rome.

Haut. 1 m. 49 c. — Larg. 2 m. 24 c.

PAUL VERONÈSE (Paolo Caliari), page 207.

1554. Jésus chez le Pharisien.

Hut. 4 m. 54 c. — Larg. 9 m. 74

PERUGIN (école du), page 210.

1355. Saint Paul.

Diam. 1 m. 12 c.

RIZZO SANTA CROCE, *vivait en* 1530.

1356. Le mariage de la Vierge.

Haut. 0 m. 82 c. — Larg. 0 m. 66 c.

SIGNORELLI.

1357. La naissance de la Vierge.

2me Supplément.

ÉCOLE FRANÇAISE.

BOISSIEU (Jean-Jacques de), *né à Lyon en 1736, mort dans la même ville en 1810.*

1358. Paysage composé.

Haut. o m. 45 c. — Larg. o m. 58 c.

BOURDON (voir page 1).

1359. Décolation de saint Protais.

Le consul Astasius, irrité de la résistance de saint Protais, le fait décapiter au pied de la statue de Jupiter, auquel il refuse de sacrifier.

Haut. 3 m. 57 c. — Larg. 6 m. 77 c.

COYPEL (Noel) (voir page 5).

1360. La réprobation de Caïn après la mort d'Abel.

Haut. o m. 97 c. — Larg. o m. 97 c.

GASSIES (JEAN), *né à Bordeaux le 25 octobre 1786, mort à Paris en octobre 1832.*

1361. Intérieur de l'église St-Prix, commune de St-Leu, vallée de Montmorency.

Haut. 0 m. 83 c. — Larg. 0 m. 65 c.

GROS (ANTOINE-JEAN), *né à Paris le 16 mars 1771, mort dans la même ville le 26 juin 1835; élève de David.*

1362. Le champ de bataille d'Eylau.

Haut. 5 m. 33 c. — Larg. 8 m. 00 c.

1363. François Ier et Charles-Quint visitant l'église de Saint-Denis.

Haut. 2 m. 68 c. — Larg. 1 m. 66 c.

GUERIN (PIERRE-NARCISSE), *né à Paris le 13 mars 1774, mort à Rome le 16 juillet 1833; élève de Regnault.*

1364. Enée racontant à Didon les malheurs de la ville de Troie.

Haut. 2 m. 95 c. — Larg. 3 m. 90 c.

1365. La piété filiale.

Un vieillard convalescent, soutenu par ses enfans, est conduit à l'autel d'Esculape où ils viennent d'offrir un sacrifice en reconnaissance de la guérison de leur père.

Haut. 3 m. 22 c. — Larg. 3 m. 08 c.

1366. Phèdre et Hippolyte.

Accusé par Phèdre d'avoir conçu pour elle une passion criminelle et d'avoir tenté de la satisfaire par la violence, Hippolyte paraît devant Thésée et repousse, par l'exemple de sa vie entière, les calomnies dont il est victime.

Haut. 2 m. 57 c. — *Larg.* 3 m. 55 c.

1567. Clytemnestre, excitée par Egisthe, hésite à assassiner Agamemnon.

Haut. 3 m. 42 c. — *Iarg.* 3 m. 16 c.

1568. Marcus Sextus.

Echappé aux proscriptions de Sylla, il trouve à son retour sa fille en pleurs auprès de sa femme expirée.

Haut. 2 m. 44 c. — *Larg.* 2 m. 19 c.

1569. Andromaque et Pyrrhus.

Oreste vient, au nom des Grecs, demander Astyanax. Averti du danger de son fils, Andromaque supplie Pyrrhus et le fléchit par ses larmes. Témoin du pouvoir de sa rivale, Hermione s'éloigne furieuse.

Haut. 3 m. 42 c. — *Larg.* 4 m. 57 c.

GUILLEMOT (CHARLES-ALEXANDRE), *né à Paris le 7 octobre 1786, mort dans la même ville le 19 novembre 1831; élève d'Alais et de David.*

1570. La mort d'Hippolyte.

Haut. 3 m. 33 c. — *Larg.* 5 m. 08 c.

HENNEQUIN (P.-A.), *né à Lyon en 1763, mort à Leuze, près Tournay, le 12 mai 1833; élève de David.*

1571. Les remords d'Oreste.

Haut. 3 m. 58 c. — *Larg.* 5 m. 18 c.

LEBRUN (Charles) (voir page 14).

1372 Le Benedicite.

> Au moment de prendre un repas frugal, le jeune Jésus, debout et les mains jointes, dit son benedicite, que la Vierge et saint Joseph lui font répéter.

Haut. 1 m. 39 c. — *Larg.* 0 m. 89 c.

LESUEUR (voir page 19).

1373. Le Christ lavant les pieds aux apôtres.

Haut. 0 m. 87 c. — *Larg.* 0 m. 71 c.

LETHIÈRE (Guillaume-Guillon), *né à la Guadeloupe le 10 janvier 1760, mort à Paris le 21 avril 1832; élève de Doyen.*

1374. Mort des fils de Brutus.

Haut. 4 m. 36 c. — *Larg.* 7 m. 62 c.

MENJAUD (Alexandre), *né à Paris le 24 novembre 1768, mort dans la même ville le 6 septembre 1832; élève de Regnault.*

1375. L'avare puni.

> Un avare avait fait placer à la porte du caveau qui contenait son trésor une serrure à secret, dont l'effet était de refermer sur-le-champ cette porte sans qu'il fût possible à celui qui était entré de la rouvrir jamais. La précaution qu'il fallait prendre avant d'entrer dans le caveau pour pouvoir en sortir n'était connue que de lui seul. Un jour qu'il allait visiter son argent, il oublia la fatale précaution et la porte se referma.
>
> Après plusieurs jours d'horribles souffrances, il expire de faim et de soif sur ses trésors.

Haut. 0 m. 45 c. — *Larg.* 0 m. 42 c.

MEYNIER (Charles), *né à Paris le 24 novembre 1768, mort dans la même ville le 6 septembre 1832 ; élève de Vincent.*

1576. Le berger Phorbas présente OEdipe enfant à Péribée, femme de Polybe, roi de Corinthe.

Haut. 2 m. o c. — Larg. 2 m. 65 c.

POUSSIN (Nicolas) (voir page 32).

1577. Rhéa Sylvia.

Haut. o m. 84 c. — Larg. 1 m. 45 c.

ROBERT (Louis-Léopold), *né à La Chaux-de-Fond, le 13 mai 1794, canton de Neufchâtel (Suisse), mort à Venise le 20 mars 1835.*

1578. Le retour de la fête de la Madone de l'Arc, près Naples.

Haut. 1 m. 37 c. — Larg. 2 m. 11 c.

ÉCOLES

FLAMANDE, ALLEMANDE et HOLLANDAISE.

CRAYER (Gaspard de) (voir page 68).

1379. Portrait équestre du cardinal Infant.

Haut. 3 m. 02 c. — Larg. 2 m. 43 c.

DIETRICK (Christian-Wilhem), *né à Weimar en 1712, mort à Dresde en 1774; élève de son père.*

1580. La femme adultère traduite devant Jésus par les docteurs de la loi juive.

Haut. 1 m. 09 c. — Larg. 0 m. 87 c.

DYCK (Antoine Van) (voir page 72).

1581. Trois enfans et un chien; esquisse.

Haut. 0 m. 49 c. — Larg. 0 m. 60 c.

FALENS (Charles Van), *né à Anvers en 1682, mort à Paris en 1733; imitateur de Philippe Wouwermans.*

1582. Rendez-vous de chasse.

Haut. 0 m. 45 c. — Larg. 0 m. 58 c.

1583. Halte de voyageurs.

Haut. 0 m. 45 c. — Larg. 0 m. 58 c.

GOYEN (Van) (voir page 78).

1584. Marine.

Haut. 0 m. 98 c. — Larg. 1 m. 37 c.

HUYSMANS (Corneille), (voir page 84).

1385. Paysage.

Haut. 1 m. 62 c. — Larg. 2 m. 37 c.

MEULEN (Antoine-François Van der), (voir page 96).

1386. Bataille à l'entrée d'une forêt.

Haut. 1 m. 36 c. — Larg. 2 m. 18 c.

1387. Vue de la ville de Dôle, rendue à Louis XIV le 14 février 1668.

Haut. 2 m. 16 c. — Larg. 2 m. 94 c.

1388. Passage du Rhin.

Haut. 0 m. 50 c. — Larg. 1 m. 11 c.

NÉEFS (Péeter), (voir page 100).

1389. Intérieur d'église.

Haut. 0 m. 92 c. — Larg. 1 m. 13 c.

STORK (Abraham), *né à Amsterdam vers 1650; on ne connaît pas l'époque de sa mort.*

1390. Combat naval.

Haut. 0 m. 99 c. — Larg. 1 m. 37 c.

UDEN (Lucas Van), *né à Anvers le 18 octobre 1595; il mourut âgé, mais on ignore l'année de la mort; élève de son père.*

1391. Enlèvement de Proserpine.

Haut. 1 m. 35 c. — Larg. 1 m. 83 c.

12

1592. Cérès cherchant sa fille.

Haut. 1 m. 35 c. — Larg. 1 m. 83 c.

VELDE (GUILLAUME VAN DEN), *né à Amsterdam en 1633, mort à Londres le 6 avril 1707; élève de son père et de Vlieger.*

1595. Marine.

Haut. 0 m. 45 c. — Larg. 0 m. 53 c.

ÉCOLES D'ITALIE.

—

CASTIGLIONE (voir page 162).

1394. Animaux.
Haut. 1 m. 08 c. — Larg. 1 m. 04 c.

CRESPI (voir page 165).

1395. Un religieux porté sur des nuages et accompagné d'un ange et d'un évêque. Au bas des hérésiarques foudroyés.
Haut. 2 m. 34 c. — Larg. 1 m. 30 c.

GUIDE (Reni Guido dit le), (voir page 186).

1396. L'Amour.
Haut. 1 m. 35 c. --- Larg. 1 m. 0 c.

INCONNU.

1397. Le repas chez Simon-le-Lépreux.
Haut. 0 m. 25 c. — Larg. 0 m. 40 c.

1398. Jésus-Christ entre les douze apôtres.
Haut. 0 m. 30 c. — Larg. 2 m. 80 c.

1399. Deux saints.
Haut. 1 m. 64 c. — Larg. 0 m. 20 c.

1400. Deux saints.
Haut. 1 m. 64 c. — Larg. 0 m. 20 c.

1401. Deux saints.

Haut. 1 m. 50 c. — Larg. 0 m. 14 c.

1402. Deux saints.

Haut. 1 m. 50 c. — Larg. 0 m. 14 c.

LAURI (Filippo), (voir page 192).

1403. Les compagnons d'Ulysse changés en pourceaux.

Haut. 0 m. 42 c. — Larg. 0 m. 56 c.

MAZZUOLI (Gerolamo), *vivait en* 1550; *élève de Francesco Mazzuoli, son cousin.*

1404. La crèche.

Haut. 4 m. 84 c. — Larg. 3 m. 05 c.

MURILLO (Bartholomé), (voir page 202).

1405. Joseph expliquant les songes.

Haut. 1 m. 15 c. — Larg. 1 m. 50 c.

RAPHAEL (voir page 216).

1406. Sainte Marguerite.

Haut. 1 m. 78 c. — Larg. 1 m. 22 c.

9 782014 465945